# Der Kanal von Korinth

## Historische Wertpapiere 1882-1977

Hans-Georg Glasemann

# Der Kanal von Korinth

## Historische Wertpapiere 1882-1977

## Impressum

Bibliografische Information der Deutschen Bibliothek:

Die Deutsche Bibliothek verzeichnet diese Publikation in der Deutschen Nationalbibliographie; detaillierte bibliographische Daten sind im Internet unter http://dnb.ddh.de abrufbar.

© Hans-Georg Glasemann, Diessen am Ammersee, 2019

ISBN 978-3-74945-231-6

Neue Auflage 2019

Herstellung und Verlag: BoD - Books on Demand, Norderstedt

Herausgegeben in der Schriftenreihe des Ersten Deutschen Historic-Actien-Clubs e.V. (EDHAC) c/o Joachim Wallrabenstein, Lehmgrube 4, 75203 Königsbach-Stein

# Vorwort

Dieses Fachbuch berichtet aus historischer Sicht über die Finanzierung, den Bau und den Betrieb des griechischen Kanals von Korinth. Seit der Antike (600 vor Christus) hat die Idee eines Kanals durch die Landenge von Korinth Herrscher, Ingenieure und Regierungsmächte angeregt; aber alle Kanalbauversuche sollten zunächst scheitern.

Erst 1882 nahm die französische Aktiengesellschaft „SOCIÉTÉ INTERNATIONALE DU CANAL MARITIME DE CORINTHE" (Internationale Gesellschaft des Seekanals von Korinth) den Bau des Korinth-Kanals in Angriff. Nur Eingeweihte wissen, dass diese Gesellschaft so etwas wie das unbeachtete Patenkind der Suezkanal- bzw. Panamakanal-Compagnie war. Die Patenschaft übernahm seinerzeit der französische Diplomat und Suezkanal-Erbauer Graf Ferdinand de Lesseps, der Held von Suez.

Im Jahr 1890 scheiterte der Kanalbauversuch der französischen Gesellschaft. Eine von griechischen Patrioten gegründete Auffanggesellschaft, die „SOCIÉTÉ HELLÉNIQUE DU CANAL DE CORINTHE" (Griechische Gesellschaft des Kanals von Korinth), führte die Arbeiten fort, erfolgreich bis zur Eröffnung des Kanals im Jahr 1893. Von 1907 bis 1980 folgte der griechischen Kanalgesellschaft als Betriebsgesellschaft die „NOUVELLE SOCIÉTÉ ANONYME DU CANAL DE CORINTHE" (Neue Gesellschaft des Kanals von Korinth).

Die von diesen drei Gesellschaften zur Finanzierung der Kanalaktivitäten ausgegeben Aktien, Gründeranteilscheine, Besserungsscheine und Obligationen sind heute begehrte Sammelobjekte. Als „Historische Wertpapiere" sind es geschichtliche Zeitzeugen. Die historische Betrachtung des Kanals von Korinth wird durch einen Katalogteil abgerundet. Er erschließt alle von 1882 bis 1977 ausgegebenen Wertpapierzertifikate der drei Gesellschaften als Sammelgebiet.

Diessen am Ammersee

im Juni 2019          Hans-Georg Glasemann

## Über den Autor

Hans-Georg Glasemann ist Fachautor, Blogger und Sachverständiger für „Historische Wertpapiere". Er publiziert seit 1980 Bücher und Fachbeiträge auf diesem jungen Sammelgebiet, das in den letzten Jahrzehnten einen beispiellosen Aufschwung erlebt hat. Seit 2005 baut er verschiedenartige Archive zu „Historischen Wertpapieren" auf. Aus diesem Fundus entstand auch dieses Fachbuch über die Finanzierung, den Bau und den Betrieb des Kanals von Korinth.

Hans-Georg Glasemann
Bahnhofstrasse 35d
86911 Diessen am Ammersee
Telefon: 08807/ 206 505
eMail: nonvaleurs.de@gmail.com
Web: www.nonvaleurs.de

## Danksagungen und Quellenangaben

Die Geschichte des Kanals von Korinth aufzuspüren, war – verursacht durch die Sprachbarriere zum Griechischen – schwierig. Herr Urs Hümbeli aus dem Schweizer Bennwil hat aus seiner Sammlung einen Großteil der abgebildeten Wertpapiere zur Verfügung gestellt. Für die dabei gezeigte Unterstützung meiner Arbeit möchte ich mich bei Ihm herzlich bedanken. Weiterhin bedanken möchte ich mich für die Hilfe von Andreas Moch aus Prenzlau.

Dank an Wikimedia für die gemeinfreien Abbildungen und an Wikipedia für die Informationen unter den Suchbegriffen: Kanal von Korinth, Diolkos, István Türr, Béla Gerster, Lesseps. Die Bilder vom Bau des Kanals stammen aus dem in meinem Besitz befindlichen Buch von Béla Gerster „L' isthme de Corinthe et son percement" (1896). Die abgebildeten Wertpapiere entstammen den Sammlungen Hümbeli, Moch und Glasemann.

# Der Kanal von Korinth
## Historische Wertpapiere 1882-1977

## A. Historische Betrachtung

1.  Träume vom Korinther Kanal in der Antike       1

2.  Internationale Gesellschaft des Seekanals von Korinth 1882       3

3.  Griechische Gesellschaft des Kanals von Korinth 1890       12

4.  Neue Gesellschaft des Kanals von Korinth 1907       15

5.  Kanal von Korinth – heute       17

6.  Biografien       21

## B. Katalogteil

7.  Erläuterungen zu den Wertpapieren       25

8.  Société Internationale du Canal Maritime de Corinthe 1882-1890       26

9.  Société Hellénique du Canal de Corinthe 1890-1907       33

10. Nouvelle Société Anonyme du Canal de Corinthe 1907-1980       39

## C. Literaturhinweise

      53

# Der Kanal von Korinth

## A. Historische Betrachtung

### 1. Träume vom Korinther Kanal in der Antike

Der Isthmus von Korinth ist eine Landbrücke, die das Festland von Griechenland mit der Halbinsel Peloponnes verbindet. Die Überwindung des nur sechs
Kilometer breiten Isthmus zwischen dem Saronischen und dem Korinthischen
Golf hat schon seit der Antike Herrscher, Ingenieure und Regierungsmächte
angeregt. Der Traum von einem Kanal durch die Landenge von Korinth, der
die gefahrvolle Umschiffung der Halbinsel Peloponnes ersparen sollte, kann
heute auf eine rund 2600-jährige Geschichte zurückblicken.

*Diolkos: Schiffsschleppbahn der Antike über den Isthmus von Korinth*

Am Anfang standen die Kanalbaupläne des Tyrannen Periander von Korinth
(628-585 vor Christus). Allerdings hatte er nie den Versuch gewagt, einen Kanal durch die Landenge zu schlagen. Stattdessen schuf er durch einen Schiffs-

karrenweg, den so genannten Diolkos, die Möglichkeit, die gefährliche Um-schiffung der Halbinsel Peloponnes zu vermeiden. Auf dem Diolkos (Διολκος, von griechisch: διά, *dia* „hindurch"; ολκός, *holkos* „Zug") wurden Schiffe zwi-schen dem Korinthischen und dem Saronischen Golf auf einem mit Steinplat-ten gepflasterten Weg über die Hügel geschleppt. Die Hauptaufgabe des Ziehwegs galt dem Gütertransport, während er in Kriegszeiten auch zur Be-schleunigung militärischer Operationen genutzt wurde. Der 6 bis 8,5 Kilome-ter lange gepflasterte Rillenweg funktionierte quasi nach dem Eisenbahnprin-zip. Er ersparte einen rund 320 Kilometer langen Umweg um die Peloponnes-Halbinsel.

Der Diolkos war von 602 vor Christus bis zur Mitte des 1. Jahrhunderts nach Christus im Betrieb; er machte das Seehandelszentrum Korinth zu einer rei-

chen Stadt. Die antiken Quellen schweigen sich über das Alter des Diolkos aus. Archä-ologische Befunde deuten auf einen Bau am Ende des 7. oder Anfang des 6. Jahr-hunderts vor Christus hin, also zu Zeiten Perianders. Möglicherweise wurde der Diolkos durch Neros fehlgeschlagenes Ka-nalprojekt 67 nach Christus dauerhaft un-brauchbar gemacht.

Die Schleifbahn spielte eine bedeutende Rolle im antiken Seekrieg. Griechische His-toriker berichten von mehreren Marine-operationen zwischen dem 5. und 1. Jahr-hundert vor Christus, bei denen Kriegs-schiffe zur Zeitersparnis über den Diolkos gezogen wurden.

*Überreste des antiken Diolkos*

Trotz der häufigen Erwähnung der Schiffsschleppbahn im Zusammenhang mit Kriegshandlungen geht die heutige Forschung davon aus, dass der Hauptzweck des Schiffskarrenwegs der Gütertransport war. Zwar ist die Hö-he der Zölle nicht bekannt, die Korinth für die Nutzung des auf seinem Gebiet liegenden Diolkos erhob, aber die Tatsache, dass der Fahrweg noch lange nach seiner Errichtung benutzt und unterhalten wurde, deutet darauf hin, dass er für antike Handelsschiffe lange Zeit eine attraktive Alternative zur Fahrt um das Kap Malea geblieben ist. Reste des Diolkos sind zum Teil noch heute gut sichtbar.

In römischer Zeit griff man den Gedanken eines Kanals zur Verbindung des Saronischen mit dem Korinthischen Golf erneut auf. Pläne wurden unter Julius Cäsar (100-44 vor Christus), Caligula (37–41 nach Christus), Nero (54–68 nach Christus) und Hadrian (76–138 nach Christus) ausgearbeitet.

Während es sich bei Cäsar und Hadrian um erste Planungen handelte, waren die Kanalvorhaben der beiden anderen römischen Kaiser weitergehend:

- 40 nach Christus entsandte Kaiser Caligula seine Ingenieure zum Isthmus von Korinth, um Messungen durchzuführen. Das Ergebnis war niederschmetternd, denn man kam zu der Überzeugung, dass der Wasserspiegel des Korinthischen Golfes um 10 Meter höher sei als der des Saronischen Golfes. So wurde befürchtet, dass bei einem Kanaldurchstich die Insel Ägina und Teile von Attika überschwemmt werden. Das Projekt wurde deshalb fallengelassen.

- 67 nach Christus beorderte Kaiser Nero 6.000 Arbeitssklaven aus Judäa zum Isthmus. Der Plan sah vor, dass die Arbeiter von zwei Seiten kommend sich zur Mitte der Landenge vorarbeiten sollten, um hier den endgültigen Durchbruch zu schaffen. Nach drei Monaten wurden die Arbeiten jedoch eingestellt, da Kaiser Nero inzwischen verstorben war. Seinen Nachfolgern erschien das Projekt zu riskant.

## 2. Internationale Gesellschaft des Seekanals von Korinth 1882

Nach den gescheiterten Bemühungen der Antike erwogen 1687 venezianische Kaufleute und Seefahrer einen Kanaldurchstich, um ihre Interessen als Händler im griechischen Gebiet zu verbessern. Auch diese Versuche sollten scheitern.

Im Jahr 1829 untersuchte der französische Geologe Pierre Théodore Virlet d'Aoust mit der Expedition „Morée (= Peloponnes)" eine Kanaltrasse über die Landenge von Korinth. Er präsentierte sein geplantes Kanalprojekt – kurz nach der Unabhängigkeit Griechenlands vom Osmanischen Reich – dem ersten griechischen Staatsoberhaupt, Graf Ioánnis Kapodístrias. Die Kosten des Vorhabens schätzte er auf 40 Millionen französische Goldfranken. Das Kanalprojekt kam, da es durch das junge Königreich Griechenland nicht finanzierbar war, nicht zustande.

*Internationale Gesellschaft des Seekanals von Korinth, Aktie, 1882*

Im Jahr 1852 eruierten der französische Ingenieur Grimaud de Caux (1800-1881) und ein bayerischer Ingenieur namens Dulnitz die Möglichkeit eines Kanaldurchstichs bei Korinth. Die Untersuchungsergebnisse wurden in der „Académie des Sciences de Paris" präsentiert. In den Folgejahren wurden diese Studien für einen Korinth-Kanal immer wieder in der europäischen Presse diskutiert. Doch auch diese Pläne sollten Makulatur bleiben. Angetrieben durch die Erfolge des Grafen Ferdinand de Lesseps bei den Arbeiten am Suezkanal wurden weitere Untersuchungen des Kanalprojekts durchgeführt.

Dem ungarischen General István Türr (1825-1908) – ein naturalisierter Italiener – wurde im Jahr 1864 von der griechischen Regierung eine vorläufige Baukonzession für einen Korinth-Kanal bewilligt. Türr hielt diese Konzession gemeinsam mit seinem Freund, dem späteren Suezkanal-Erbauer, Graf Ferdinand de Lesseps. Geplant war ein Kanaldurchstich nach den Plänen des Ingenieurs Grimaud de Caux von 1852.

*Internationale Gesellschaft des Seekanals von Korinth, Obligation, 1888*

Ferdinand de Lesseps besuchte Mitte 1869, also kurz vor der Eröffnung des Suezkanals, die Landenge von Korinth. Er wollte sich über die Machbarkeit und Wirtschaftlichkeit des Kanalprojekts informieren. Im Ergebnis befürwortete Lesseps das Vorhaben eines Korinth-Kanals nicht, da er an die Wichtigkeit des Kanals für den Seehandel nicht glaubte. Er war nicht bereit, in dieses

Projekt Zeit und Kapital zu investieren, da er zu diesem Zeitpunkt bereits das Projekt eines zentralamerikanischen Kanals verfolgte.

Ein weiterer Versuch durch die französischen Unternehmer E. Piat und M. Chollet, die 1869 eine provisorische Konzession für den Kanalbau erhielten, scheiterte an fehlenden Geldmitteln. Die weitere Entwicklung bis zur Eröffnung des Kanals von Korinth im Jahr 1893 nahm – so ungewöhnlich das klingt – ihren Anfang in Panama:

Von 1876 bis 1878 untersuchte General István Türr zusammen mit dem Kapitänleutnant Lucien Napoléon Bonaparte Wyse (1844-1909) im Auftrag der „Société Civile Internationale du Canal Interocéanique du Darien (Türr-Syndikat)" die zentralamerikanische Kanalroute über den Isthmus von Panama.

Dem Syndikat gehörten, neben Türr und seinem Schwager Wyse, der Bankier Baron Jacques de Reinach sowie weitere hohe französische Würdenträger an. Ein junger Landsmann Türr`s, der ungarische Ingenieur Béla Gerster (1850-1923), begleitete die mittelamerikanische Expedition.

Mit der Regierung von Kolumbien vereinbarte Türr für sein Syndikat 1876 einen Konzessionsvertrag von 99 Jahren für den Bau eines Kanals über den Isthmus von Panama, zahlbar bis 1882 mit 750.000 französischen Goldfranken.

Wyse gelang es 1879, im Rahmen des Internationalen Kongresses über die interozeanische Kanalfrage der Pariser „Société de Géographie", die Konzession für 10 Millionen französische Goldfranken an Ferdinand de Lesseps und seine neu gegründete „COMPAGNIE UNIVERSELLE DU CANAL INTEROCÉANIQUE DE PANAMA" – die Lesseps`sche Panamakanal-Compagnie – zu verkaufen.

Das Türr-Syndikat und der General profitierten finanziell von diesem Verkauf enorm. Gleichzeitig trat de Lesseps im Rahmen dieses Kaufs seine Anteile an der abgelaufenen griechischen Kanalkonzession von 1864 an Türr ab.

Im Jahr 1880 lernte General Türr in Aachen den Gouverneur der griechischen Nationalbank, Marc Rénieri, kennen. Beide diskutierten die Möglichkeit eines Kanalprojekts bei Korinth. Rénieri bot Türr eine neue Konzession für den Kanal an, auf der Basis des 1869 vom griechischen Parlament erlassenen Konzessionsgesetzes zur „Erschließung der Landenge von Korinth".

Supplément au n° du 1er Mai 1882 de la NOUVELLE REVUE

## FINANCES, LIBRAIRIE, INDUSTRIE ET BEAUX-ARTS

*Bulletin de Commerce, paraissant les 1er et 15 de chaque mois.*

### SOCIÉTÉ INTERNATIONALE
DU

# CANAL MARITIME DE CORINTHE

Tracé approuvé et voté par le Congrès Universel de Géographie

*Concession accordée par S. M. le Roi de Grèce à M. le Général Turr, par décret en date du 18 mai 1881 et conformément aux lois du 19 novembre 1869 et du 31 mars 1882*

Société anonyme au capital de 30,000,000 de francs, divisé en 60,000 actions de 500 francs

Statuts dressés suivant acte reçu par Me PORTEFIN, notaire à Paris.

## Emission de 60,000 Actions de 500 fr.

### CONDITIONS DE LA SOUSCRIPTION :

Cette Souscription est faite au pair. Le montant de chaque Action est payable comme suit :

**50 francs** en souscrivant ;

**75 francs** à la répartition, qui aura lieu dans les 20 jours de l'émission ;

Les **375 francs** restants ne seront appelés que successivement au fur et à mesure des besoins de la Société, d'après les appels de fonds qui seront faits par le Conseil d'Administration et annoncés un mois au moins à l'avance.

Les actions pourront, après libération de 250 francs, être converties en Titres au porteur par délibération de l'Assemblée générale.

UN INTÉRÊT DE 5 0/0 SUR LES SOMMES VERSÉES SERA SERVI AUX ACTIONS PENDANT L'EXÉCUTION DES TRAVAUX.

## LA SOUSCRIPTION PUBLIQUE SERA OUVERTE
### EN FRANCE ET A L'ÉTRANGER
## LE MARDI 9 MAI 1882

A PARIS, au *Comptoir d'Escompte de Paris.*

A LYON, MARSEILLE, NANTES, LONDRES et GENÈVE, aux Agences du Comptoir d'Escompte de Paris et chez MM. L. Lullin et Cie.

En GRÈCE, à la Banque Nationale de Grèce.

En ITALIE, au Crédit Mobilier italien et dans ses Succursales.

A CONSTANTINOPLE et SMYRNE, à la Banque Impériale Ottomane.

A TRIESTE, chez MM. Morpurgo et Parente.

En ROUMANIE, à la Banque de Roumanie.

A ODESSA (RUSSIE), chez MM. Théod. Raffalovich et Cie.

A BARCELONE, à la Banque de Cataluña.

A BRUXELLES, aux Maisons et Établissements qui seront ultérieurement désignés.

ON PEUT SOUSCRIRE, DÈS A PRÉSENT, PAR CORRESPONDANCE

*Dans le cas où les demandes dépasseraient le nombre des actions mises en souscription, elles seraient soumises à une réduction proportionnelle.*

*Société Internationale du Canal Maritime de Corinthe:*
*Prospekt über die Aktienemission vom 9. Mai 1882*

Nach Beginn der Bauarbeiten für den Panamakanal im Jahr 1881 war es General Türr klar geworden, dass nun auch für einen Kanal durch den Isthmus von Korinth ausreichende technische Mittel zur Verfügung standen. Türr investierte nun seine mit der Panamakanal-Konzession gewonnenen Geldmittel in das griechische Kanalprojekt. Er beauftragte den Ingenieur Béla Gerster mit einem Gutachten über die Machbarkeit und Wirtschaftlichkeit eines Korinth-Kanals. Gerster untersuchte 1881 sorgsam drei mögliche Kanalrouten, er kam zu positiven Ergebnissen. Für Türr schloss Gerster im Mai 1881 in Athen mit der griechischen Regierung einen Konzessionsvertrag für den Bau und Betrieb eines Seekanals bei Korinth ab (Laufzeit 99 Jahre, Baubeginn innerhalb von 18 Monaten, Fertigstellung bis 1887). Die von Béla Gerster vorgeschlagene beste Kanalroute sollte der antiken Trasse, die schon zu Zeiten des römischen Kaisers Nero begonnen wurde, folgen.

Und so sollte sich ab 1882 der Traum eines Kanaldurchstichs auf der Landenge von Korinth verwirklichen. Mit einem Konsortium um den Bankier de Reinach vom Pariser Bankhaus Kohn, Reinach et Cie. gründete Türr 1882 mit einem Kapital von 30 Millionen Goldfranken die französische Aktiengesellschaft „Société Internationale du Canal Maritime de Corinthe" (Internationale Gesellschaft des Seekanals von Korinth) mit Sitz in Paris.

Die Gesellschaft erwarb von Türr die Kanalkonzession. Türr wurde Vorsitzender des Verwaltungsrats der neuen Kanalgesellschaft, Ferdinand de Lesseps war Ehrenvorsitzender. Das französische Kreditinstitut „Comptoir d' Escompte de Paris" wurde Hausbank der Gesellschaft.

Das Klima für den Börsengang der neuen Kanalgesellschaft war zu diesem Zeitpunkt äußerst günstig, da der Kurs der Suezkanal-Aktien in ungeahnte Höhen geschnellt war. Gleichzeitig schlugen sich die Spekulanten in Paris geradezu um die 1881 neu emittierten Aktien der Lesseps`schen Panamakanal-Compagnie.

So erstaunt es nicht, dass die am 9. Mai 1882 herausgegebenen 60.000 Aktien der Kanalgesellschaft über je 500 französische Goldfranken fünfmal überzeichnet wurden.

Aktien für 12 Millionen französische Goldfranken wurden von Griechen und Auslandsgriechen gezeichnet, der Rest wurde breit in Frankreich platziert. Insgesamt zeichneten 5.000 Anleger und Spekulanten die neuen Aktien der „Société Internationale du Canal Maritime de Corinthe".

*Arbeiten im engen Kanalbecken*

Neben den Aktien emittierte die „SOCIÉTÉ INTERNATIONALE DU CANAL MARI-TIME DE CORINTHE" 1882 auch 4.000 Gründeranteilscheine ohne Nennwert (Parts de Fondateur), die auf 20% des Reingewinns Anspruch hatten.

König Georg I. von Griechenland tat im April 1882 den ersten Spatenstich zum Bau des Kanals. Béla Gerster wurde als Bauleiter bestellt. Er hatte bereits 1881 umfangreiche organisatorische und geologische Vorarbeiten auf dem Kanalterrain vorgenommen. Emile Dauzat, französischer Chefingenieur der Gesellschaft, kalkulierte die Gesamtkosten des Projektes auf rund 24,6 Millionen französische Goldfranken. Generalbauunternehmer wurden die beiden französischen Firmen „SOCIÉTÉ DES PONTS ET TRAVAUX DE FER" und die „ASSOCIATION DES CONSTRUCTEURS".

Zunächst kamen die Arbeiten nur schleppend voran. Ende 1882 wurden erstmals Schwimmbagger eingesetzt, 188.000 Kubikmeter Erde waren abgetragen. 1883 wurden 289.000 Kubikmeter ausgehoben. Bereits jetzt zeichnete sich ab, dass die vertraglich zugesagte Fertigstellung des Kanals in fünf Jahren nicht einzuhalten war. Im Jahr 1884 wurden nochmals 834.000 Kubikmeter Erde ausgehoben, 1885 bereits 1.389.000 Kubikmeter. Ende 1886 waren insgesamt 3.645.000 Kubikmeter Erdreich entfernt, das waren rund 44% des seinerzeit geschätzten Gesamtvolumens.

1887 waren 1.500 Arbeiter am Kanal beschäftigt, 1.802.000 Kubikmeter Erde wurden im Laufe des Jahres beseitigt. Ein Eisenbahnnetz von 37 Kilometern war im Bereich der Kanalarbeiten in Betrieb. Mindestens 12 Lokomotiven, 550 Güterwaggons und 180 Kipploren wurden eingesetzt. Die Lokomotiven zogen bis zu 60 mit Abraum beladene Waggons. Rund 6.000 Kubikmeter Erdreich wurden täglich abtransportiert, entsprechend 170.000 Kubikmeter monatlich. Ende 1887 waren 6.117.000 Kubikmeter ausgeschachtet, 110.000 Kubikmeter Mauerwerk und Beton hatte man verbaut.

*Eisenbahnbrücke über dem Kanal*

Die Kanalarbeiten schritten weiterhin langsamer als geplant voran, man hoffte im Jahr 1887 in drei Jahren fertig zu sein. Als dies durchsickerte reagierte die Börse mit einem Sturz der Korinther Kanal-Aktien. Gleichzeitig stellte sich 1887 neuer Kapitalbedarf ein, da die Gruppe des berüchtigten Pariser Bankiers de Reinach sehr „großzügig" mit den Geldmitteln der Gesellschaft gewirtschaftet hatte. Eine Anleihemission über 30 Millionen französische Goldfranken, auf der Hauptversammlung der Gesellschaft am 2. Dezember 1887 beschlossen, sollte deshalb von einer Bankengruppe unter Führung des „Comptoir d' Escompte de Paris" im Mai 1888 in Paris begeben werden.

Die Anleihe war mit 6% verzinslich, eingeteilt in 60.000 Obligationen über je 500 französische Goldfranken. 1888 war diesmal ein unglücklicher Zeitpunkt, da gleichzeitig die Panamakanal-Compagnie fallierte. So wurden bei der Platzierung der Obligationen lediglich 10 Millionen französische Goldfranken eingesammelt, die restlichen Obligationen verblieben zunächst bei der Hausbank der Kanalgesellschaft, dem Comptoir d' Escompte de Paris.

*Pumpstation auf der Korinther Seite des Kanals*

Der Erdaushub erreichte Ende 1888 rund 8 Millionen Kubikmeter. Gleichzeitig konnte die Kanalgesellschaft die für Dezember 1888 versprochene Aktiendividende nicht mehr auszahlen.

Bis März 1889 wurden erfolgsversprechende weitere 400.000 Kubikmeter ausgeschachtet, als die Nachricht durchkam, dass der Comptoir d' Escompte de Paris sich mit Kupfergeschäften verspekuliert hatte und zahlungsunfähig geworden war.

Anfang 1890 wurden die Arbeiten am Kanal eingestellt, sie sollten in der Folge bis September 1890 ruhen. Rund 8,4 Millionen Kubikmeter Erdreich und Fels waren bis dahin ausgeschachtet. Man schätzte, dass noch rund 3 Millionen Kubikmeter auszugraben waren.

Am 12. Februar 1890 war im Zusammenhang mit dem Bankrott der Hausbank auch die Kanalgesellschaft zahlungsunfähig und meldete beim Pariser Zivilgericht „Tribunal de Seine" Konkurs an. Ein Versuch zusammen mit dem griechischen Finanzministerium eine Auffanggesellschaft zu gründen, scheiterte. Die Liquidation der Gesellschaft wurde gerichtlich angeordnet, als Konkursverwalter ein Herr Philis eingesetzt.

*Griechische Gesellschaft des Kanals von Korinth, Aktie, 1890*

## 3. Griechische Gesellschaft des Kanals von Korinth 1890

Die ursprünglich mit 24,6 Millionen französischen Goldfranken geplanten Baukosten hatten sich mittlerweile auf geschätzte 42 Millionen Goldfranken erhöht.

*Griechische Gesellschaft des Kanals von Korinth, Obligation, 1890*

Ausgegeben waren bereits 35 Millionen französische Goldfranken. In dieser kritischen Situation versuchte General Türr die griechische Regierung und kapitalkräftige Investoren dazu zu bewegen, weiteres Kapital in das Kanalprojekt zu stecken. Mit Erfolg! 1890 initiierten griechische Patrioten in Athen die Gründung der – mit einem Kapital von 5 Millionen französischen Goldfranken ausgestatteten – Auffanggesellschaft, der „SOCIÉTÉ HELLÉNIQUE DU CANAL DE CORINTHE" (Griechische Gesellschaft des Kanals von Korinth). Die Gesellschaft wurde von dem griechischen Kapitalist Andreas Singros (1830-1899) und dem Bankier Lazare N. Sochos ins Leben gerufen und geleitet. Das Kapital der im Juli 1890 gegründeten Gesellschaft war in 10.000 Inhaberaktien über je 500 französische Goldfranken eingeteilt.

In einer Interessenvereinigung mit dem bankrotten Comptoir d' Escompte de Paris und der griechischen Nationalbank als Patronat entwickelte man einen neuen Gesellschafter- und Finanzierungsplan. Für die neu gegründete griechische Aktiengesellschaft ersteigerte eine Gruppe von griechischen Finanziers zusammen mit der griechischen Nationalbank für 430.000 französische Goldfranken neben der Kanalkonzession die Bauwerke, Maschinen und Geräte der französischen Kanalgesellschaft. Die griechische Regierung, der Konkursverwalter und die französische Wertpapierschutzgemeinschaft „L' Association nationale des porteurs français de valeurs étrangères" stimmten abschließend den Plänen und der Vorgehensweise zu.

Die Satzung der „SOCIÉTÉ HELLÉNIQUE DU CANAL DE CORINTHE" sah vor, dass die überschießenden Gewinne der Gesellschaft nur zu 25% an die Aktionäre ausgeschüttet werden. Ein Anteil von 75% der Gewinne war als Entschädigung für die Anteilseigner und Obligationäre der alten Kanalgesellschaft „SOCIÉTÉ INTERNATIONALE DU CANAL MARITIME DE CORINTHE" vorgesehen.

Um die Rechte der Gläubiger der alten Kanalgesellschaft zu wahren, erhielten diese für ihre notleidenden Aktien, Gründeranteile und Obligationen Besserungsscheine (Parts de Fondateur), ausgegeben von der „SOCIÉTÉ HELLÉNIQUE DU CANAL DE CORINTHE". General Türr erhielt als Privileg eine Abfindung in Höhe von 13 Millionen französischen Goldfranken.

Die „SOCIÉTÉ HELLÉNIQUE DU CANAL DE CORINTHE" legte gleichzeitig eine Anleihe über 23.333.500 französische Goldfranken auf. Die hypothekarisch abgesicherten Vorzugs-Obligationen waren mit 6% zu verzinsen. Das Anleihekapital war in 46.667 Obligationen über je 500 Goldfranken eingeteilt. Die Rückzahlung sollte ab 1890 innerhalb von 75 Jahren zu pari erfolgen. Die Anleihen wurden später, nämlich 1906 bis 1908, mit einer geringen Abfindung abgelöst.

Bereits Mitte 1889 hatte der französische Ingenieur E. Quellenec zusammen mit den griechischen Unternehmern Matsas und Vlangalis eine technische Kommission gebildet, um den Stand der Arbeiten an der Kanaltrasse zu untersuchen. Nach seinem Bericht waren bereits 8.175.000 Kubikmeter Erdreich abgetragen. Quellenec trat nun an der Seite des französischen Ingenieurs Morin als Leiter der künftigen Kanalbauarbeiten an die Stelle von Béla Gerster.

Der Zeitspanne bis zur Fertigstellung des Kanals wurde zu diesem Zeitpunkt auf 34 Monate geschätzt. Im September 1890 wurden die Arbeiten am Kanal von der „SOCIÉTÉ HELLÉNIQUE" wiederaufgenommen. In den Folgejahren waren bis zu 2.500 Arbeiter am Kanal beschäftigt.

Die Kanalwände mussten in Abhängigkeit von der Festigkeit des Gesteins abgeflacht werden. Verstärkt wurde Dynamit eingesetzt. Der Unterwasserteil des Kanals wurde mit einer Schutzmauer versehen.

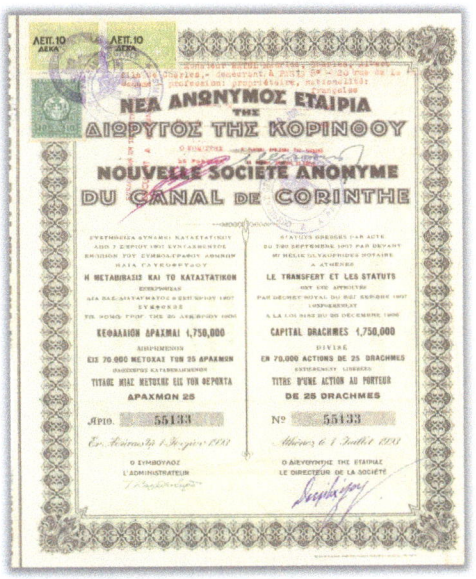

*Neue Gesellschaft des Kanals von Korinth, Aktie, 1923*

Eine elektrische Beleuchtung wurde auf der Schutzmauer installiert, um den Kanal auch nachts befahrbar zu machen. Insgesamt betrugen die bewegten Erdmassen bis zur Fertigstellung des Kanals 11.383.000 Kubikmeter.

Die Gesamtkosten für den Bau hatten letztendlich 63 Millionen französische Goldfranken ausgemacht, davon wurden 30 Millionen Goldfranken von der „SOCIÉTÉ HELLÉNIQUE" aufgebracht. König Georg I. von Griechenland und seine Gemahlin, Königin Olga, eröffneten am 25. Juli 1893 den Kanal in einer feierlichen Zeremonie – mit anschließender Schiffsdurchfahrt. Am 9. November 1893 wurde der Kanal für den öffentlichen Verkehr freigegeben. Die Einnahmen aus dem Kanalbetrieb deckten in den Folgejahren kaum die Betriebskosten, da der Kanal fast ausschließlich von kleineren griechischen Küstendampfern genutzt wurde. Nur 2.116 Schiffspassagen mit einer Tonnage von 242.429 Tonnen wurden 1895 gezählt.

## 4. Neue Gesellschaft des Kanals von Korinth 1907

Um die Wirtschaftlichkeit des Kanalbetriebs zu verbessern, wurde 1907 die „Griechische Kanalgesellschaft" liquidiert und mit der Konzession für 430.000 Drachmen in die in Piräus ansässige Betriebsgesellschaft „NOUVELLE SOCIÉTÉ ANONYME DU CANAL DE CORINTHE" (Neue Gesellschaft des Kanals von Korinth) überführt. Die „Neue Gesellschaft" sollte den Kanal modernisieren und durch Verbesserungen für den Großverkehr die Rentabilität heben.

Das Kapital der 1907 in Athen gegründeten Gesellschaft in Höhe von 1 Million Drachmen war in 40.000 Inhaberaktien über je 25 Drachmen eingeteilt. 30.000

Aktien der neuen Gesellschaft wurden auf die Aktionäre der „SOCIÉTÉ HELLÉNIQUE DU CANAL DE CORINTHE" verteilt (Umtausch: Eine alte Aktie über 500 französische Goldfranken der „Griechischen Kanalgesellschaft" gegen drei Aktien über je 25 Drachmen der „Neuen Gesellschaft"). 10.000 Aktien der neuen Gesellschaft gingen an die Griechische Nationalbank.

In den Jahren 1922 und 1923 erfolgten zwei Kapitalerhöhungen auf ein Aktienkapital von 1,75 Millionen Drachmen (15.000 Aktien über je 25 Drachmen). Weitere Kapitalerhöhungen erfolgten 1957, 1962, 1965 und 1969 auf 61,6 Millionen Drachmen.

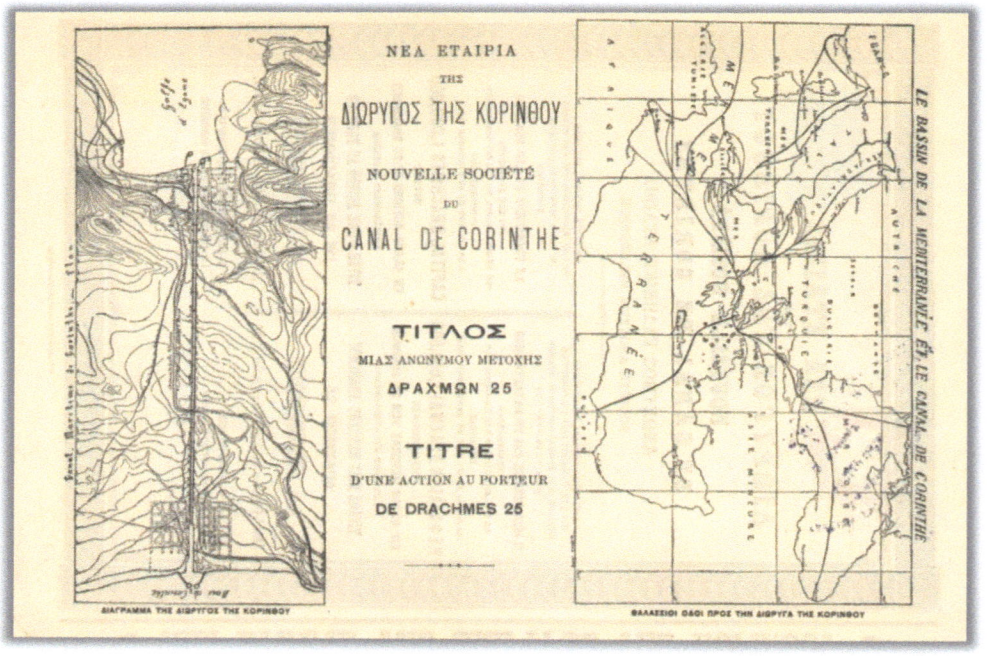

*Nouvelle Société Anonyme du Canal de Corinthe, Rückseite der Aktie von 1907*

Ab 1969 erfolgte sukzessive der Umtausch der Aktien im Nominalwert von 25 Drachmen in neue Aktien im Nominalwert von 176 Drachmen. Weitere Kapitalerhöhungen erfolgten dann 1972 und 1977 auf ein Aktienkapital von 84,48 Millionen Drachmen (480.000 Aktien über je 176 Drachmen). Ab 1962 wurden

Aktienzertifikate ausgegeben über einen, fünf, zehn oder fünfundzwanzig Anteile mit 176 Drachmen Nennwert (je Anteil).

In den Jahren nach 1907 verursachten verschiedene Erdbeben im Kanal massive Schäden. Im Jahr 1923 rutschten dadurch 41.000 Kubikmeter Erde ab. Die Wasserstraße blieb zwei Jahre lang gesperrt. Verheerend wirkte sich im Zweiten Weltkrieg die Strategie der deutschen Besatzungsmacht aus: Um ihren Soldaten den Rückzug zu sichern, sprengte die Wehrmacht die Steilufer sowie die Brücken und blockierte mit Eisenbahnwaggons und einem Schiff den Kanal.

Vier Jahre nach Ende des Zweiten Weltkriegs wurden nach der Räumung des Kanals zwei neue Brücken über den Kanal, eine für den Schienen- und eine für den Straßenverkehr, eingeweiht. Die Ortschaften an den Kanaleingängen, Isthmia und Posidonia, erhielten zusätzlich eine Senkbrücke.


## 5. Kanal von Korinth – heute

Im Jahr 1980 wurde der Kanal in die staatseigene „Corinth Canal Company, Athen" überführt, da der 99 Jahre laufende Konzessionsvertrag von 1881 abgelaufen war.

Im Jahr 2001 wurde der Kanal von der griechischen Regierung privatisiert. In einer Ausschreibung erhielt die „Sea Containers Ltd, Hamilton, Bermuda" im September 2001 für eine Million US-Dollar die Kanalkonzession für 40 Jahre. Sea Containers Ltd gründete für den Kanalbetrieb die griechische Tochtergesellschaft „Periandros S.A., Isthmia Corinth", die 2010 wegen großer Verluste in den Konkurs ging. Hiernach wurde der Kanalbetrieb wieder staatlicherseits von der „Corinth Canal S.A. (A.EDI.K.), Athen" übernommen.

Der Kanal von Korinth kann heute wie folgt charakterisiert werden:

- Der Seekanal durchsticht die Landenge von Korinth, den so genannten Isthmus von Korinth, an ihrer schmalsten Stelle. Er trennt das griechische Festland von der Halbinsel Peloponnes ab. Die Schifffahrtstrasse verbindet das Ionische mit dem Ägäischen Meer, bzw. den Golf von Korinth mit dem Saronischen Golf.

- Der Kanal verkürzt die Fahrt von der Adria und dem Ionischen Meer zur Ägäis um 320 Kilometer (rund 200 Seemeilen).

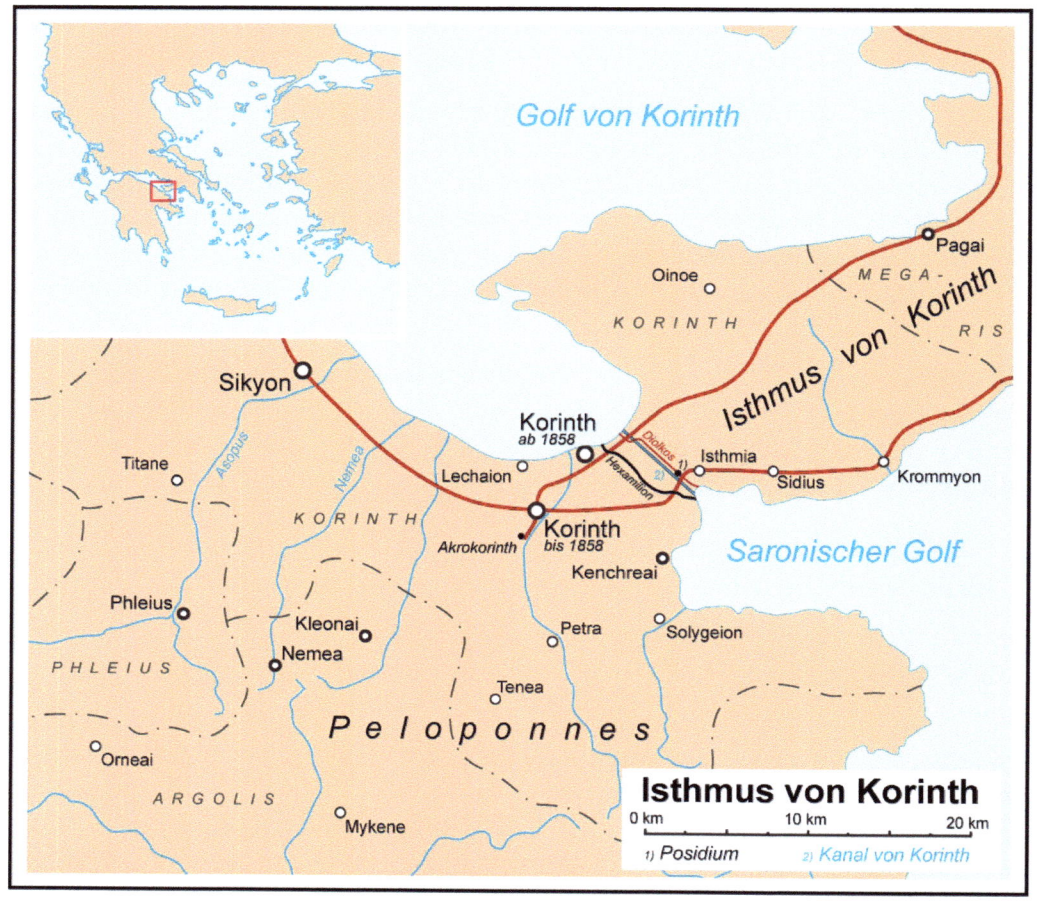

*Lage des Korinthischen Kanals*

- Bauzeit: 1882 bis 1893
- Aushub bis 1893: 11.183.000 Kubikmeter Erdreich und Fels
- Zugelassen für Schiffe bis 10.000 Tonnen, mit weniger als 7 Meter Tiefgang
- Länge: 6.346 Meter
- Breite: 24 Meter an der Wasseroberfläche, an Kanalgrund 21 Meter
- Tiefe: 8 Meter
- Seitliche Wandhöhe: 60-80 Meter

Brachte der Kanal in der Zeit kurz nach seiner Erbauung noch eine enorme Erleichterung für die Seefahrt mit sich, weil durch ihn die gefährliche Umfahrt der Peloponnes um das Kap Malea vermieden wurde, so hat er heute seine maritime Bedeutung verloren. Gründe dafür sind:

- Die Dimension des Kanals erlaubt nur die Passage für kleinere Schiffe.

- Die Umfahrt der Peloponnes erfolgt heute auf Kursen, die weiter vor der Küste verlaufen; daher ist die Umfahrung nicht mehr so gefahrvoll wie früher. Auch die stärkere Motorisierung der Schiffe marginalisiert den Zeitgewinn.

Der Kanal ist heute vor allem eine Touristenattraktion. Dennoch ist das Verkehrsaufkommen auch heute noch beachtlich. Trotz der relativ hohen Durchfahrtsgebühren wird diese Wasserstraße heute noch von etwa 33 Schiffen täglich, also rund 12.000 Schiffen im Jahr, passiert. Ein Großteil davon sind Fähren und Touristenschiffe.

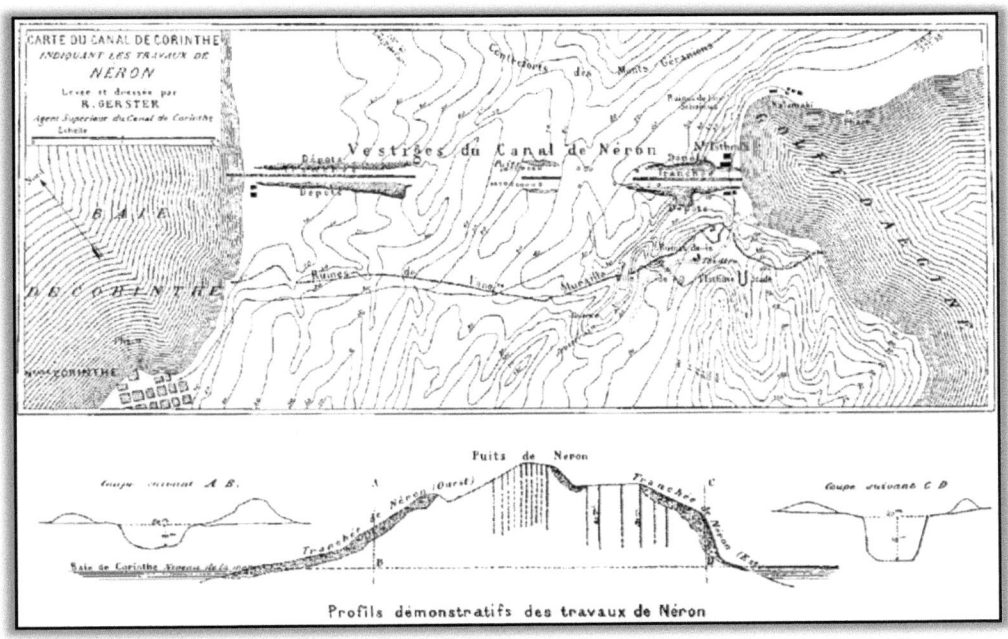

*Béla Gersters Plan des Kanals von Korinth mit Aufzeichnung der römischen Ausgrabungen des Kaisers Nero (angefertigt 1881)*

*Der Kanal von Korinth*

# 6. Biografien

## István Türr (1825-1908), ungarischer Freiheitsheld

István (Stephan) Türr trat als Leutnant einem ungarischen Grenadierregiment bei, das 1848 in Italien stationiert war und ging im Januar 1849 zu den Piemontesen über, organisierte eine ungarische Legion, kämpfte nach der Schlacht bei Novara 1849 auf Seiten der Aufständischen in Baden. Er trat 1854 in englische Dienste, wurde 1855 auf einer Reise in Pest verhaftet, wieder entlassen und kämpfte 1859 als Hauptmann der Alpenjäger unter Garibaldi gegen die Österreicher.

*General István Türr*

1860 in Sizilien und Neapel, hier erlangte er den Rang eines Divisionsgenerals, nachdem er als Gouverneur von Neapel viel zur Vereinigung mit Italien beigetragen hatte. 1867 kehrte er nach Ungarn zurück, wo er - mit Entwürfen von Kanalbauten und industriellen Unternehmungen beschäftigt - lebte. Mitunter nahm er als vertrauter Unterhändler zwischen Österreich, Italien und Frankreich (so bei den Verhandlungen über ein Bündnis 1869-70) noch an der Politik teil. Ab 1869 beschäftigte sich Türr zunehmend mit den Plänen für einen Seekanal durch den Isthmus von Korinth. 1881 erhielt er von der griechischen Regierung eine Konzession zum Bau und Betrieb des Kanals von Korinth.

*Gedenktafel am Kanal für István Türr und Béla Gerster*

Der ungarische Ingenieur Béla Gerster untersuchte für ihn das Kanalgelände und entwarf die Baupläne. Die von Türr gegründete französische Aktiengesellschaft „SOCIÉTÉ INTERNATIONALE DU CANAL MARITIME DE CORINTHE" baute ab 1882 den Korinther-Kanal, unter der Leitung Béla Gersters. Nachdem die Kanalgesellschaft 1890 bankrottging, wurde der Kanal von einer griechischen Gesellschaft bis 1893 fertiggestellt.

## Béla Gerster (1850-1923), ungarischer Ingenieur

Béla Gerster studierte Ingenieurswesen und Architektur an der Wiener Technischen Hochschule. Er arbeitete eine Zeit lang in Wien als Ingenieur und Spezialist für Wasserbauten.

*Béla Gerster*

Auf Empfehlung von General István Türr nahm er 1876 an einer Forschungsexpedition von Ferdinand de Lesseps zur Erkundung der Panamakanal-Route teil.

Er schlug vor, den Kanal auf der Strecke von Panama nach Colón zu bauen, was von der 1880 gegründeten französischen Panamakanal-Compagnie später auch so verwirklicht wurde. 1877 arbeitete er beim Bau des Franzens-Kanals. Ab 1881 untersuchte er das Gelände des Isthmus von Korinth und erstellte Pläne für den Bau des Kanals von Korinth. Er schlug eine Trasse vor, die bereits zu Zeiten des römischen Kaisers Nero begonnen wurde. Von 1882 bis 1889 war er Chefingenieur beim Bau des Kanals von Korinth.

Die von István Türr für den Bau des Kanals 1882 gegründete und geleitete „SOCIÉTÉ INTERNATIONALE DU CANAL MARITIME DE CORINTHE" ging 1890 bankrott. Eine griechische Auffanggesellschaft führte die Arbeiten nach den Plänen von Béla Gerster bis zur Eröffnung des Kanals 1893 weiter.

Béla Gersters 1896 in französischer und ungarischer Sprache erschienenes Buch „L' isthme de Corinthe et son percement" ist ein bedeutendes historisches Dokument über den Bau des Kanals von Korinth (146 Seiten, 42 Fotografien, Zeichnungen und Diagramme).


## Ferdinand de Lesseps (1805-1894), französischer Diplomat und Kanalbauer

Ferdinand de Lesseps wurde am 19. November 1805 als Ferdinand Vicomte de Lesseps in Versailles geboren. Er entstammte einer Familie angesehener französischer Diplomaten. Nach einem juristischen Studium durchlief er von 1825 bis 1842 eine diplomatische Laufbahn in Lissabon, Tunis, Alexandria, Kairo, Rotterdam und Barcelona. Von 1848 bis 1849 war er französischer Gesandter in Madrid. 1854 wurde de Lesseps vom Vize-König von Ägypten Said-Pascha nach Alexandria eingeladen. Nach der Vorstellung seiner Pläne für einen Kanal über den Isthmus von Suez erhielt er vom König eine vorläufige Konzession zum Bau und Betrieb des Kanals. Die Pläne für den Suezkanal wurden 1856 von einer internationalen Ingenieur-Kommission begutachtet.

Nach mehrjährigen Bemühungen, den politischen Widerstand Großbritanniens auszuräumen und die Geschäftswelt Europas für Investitionen in das Suezkanal-Projekt zu gewinnen, was ihn beinahe an den Rand des Bankrotts brachte, rief er Ende 1858 zur Zeichnung von Aktien der von ihm gegründeten Suezkanal-Compagnie „COMPAGNIE UNIVERSELLE DU CANAL MARITIME DE SUEZ" auf. Der erste Spatenstich am Suezkanal erfolgt 1859 in Port-Said.

Nach Überwindung vielfältiger technischer, finanzieller und diplomatischer Schwierigkeiten konnte er am 17. November 1869 die Eröffnung des Kanals feiern. De Lesseps interessierte sich nun für weitere Kanalprojekte. Ein von ihm 1879 einberufener und geleiteter Internationaler Geographenkongress in Paris befasste sich mit der zentralamerikanischen Kanalfrage und empfahl einen Niveaukanal von Colón nach Panama. 1881 wurde die Panamakanal-Compagnie „COMPAGNIE UNIVERSELLE DU CANAL INTEROCÉANIQUE DE PANAMA" durch Initiative de Lesseps` gegründet.

*Ferdinand de Lesseps*

Die Aktienemission der Kanalgesellschaft wurde überzeichnet. 1882 begannen die Arbeiten am Panamakanal. Die Pläne für einen Niveaukanal in Panama mussten wegen vielfältiger technischer und finanzieller Schwierigkeiten 1887 aufgegeben werden. Der Ingenieur Gustave Eiffel erhielt den Auftrag einen Schleusenkanal herzustellen. Bereits 1888/89 musste die Panamakanal-Compagnie ihre Zahlungen einstellen. Ein Liquidator wurde bestellt, die Gesellschaft wurde aufgelöst. Der Kanal wurde 1914 von den Amerikanern fertiggestellt.

1892 erschütterte die Panama-Affäre Frankreich. Lesseps wurde freigesprochen. Am 7. Dezember 1894 starb er in Frankreich auf seinem Landsitz Manoir de la Chesnaye, nahe Guilly (Indre).

*Im Kanal von Korinth*

# Der Kanal von Korinth

## B. Katalogteil

### 7. Erläuterungen zu den Wertpapieren

Im Katalogteil werden die Wertpapiere der drei Gesellschaften

- SOCIÉTÉ INTERNATIONALE DU CANAL MARITIME DE CORINTHE
- SOCIÉTÉ HELLÉNIQUE DU CANAL DE CORINTHE
- NOUVELLE SOCIÉTÉ ANONYME DU CANAL DE CORINTHE

dokumentiert. Zu jeder Gesellschaft werden die ausgegebenen Wertpapiere chronologisch nach Wertpapiergattungen katalogisiert und – soweit vorhanden – abgebildet. Folgende Informationen werden angegeben:

- die Katalog-Nummer (KK bedeutet: Kanal von Korinth). Die Katalog-Nummern laufen in Zehnerschritten von KK-010 bis KK-170 für alle Wertpapiere der drei Gesellschaften. Unter Berücksichtigung der Stückelungen ergeben sich rund 40 verschiedene Wertschriften. Die Katalog-Nummern finden sich auch unter den jeweiligen Abbildungen.
- die Beschreibung von sieben Wertpapiergattungen (Interimsscheine, Inhaberaktien, Depotzertifikate für Aktien, Inhaberobligationen, Depotzertifikate für Obligationen, Gründeranteilscheine, Besserungsscheine).
- der Ausgabebetrag der Emission sowie die Stückelungen der Wertpapiere in der jeweiligen Währung (französische Goldfranken oder griechische Drachmen), das Datum oder das Jahr der Emission.
- die Laufzeit, der Zinsfuß, die Zinstermine und die Tilgung bei den Inhaberobligationen.
- die Farbe des Wertpapiers sowie die Beurteilung der Seltenheit der Stücke (Stufen: bisher unbekannt, extrem selten, sehr selten, selten, verfügbar).
- die Bewertung des Wertpapiers in einer Spannbreite (in €)

Die zwischen 1882 und 1977 ausgegebenen „Historischen Wertpapiere" des Kanals von Korinth stellen ein überschaubares, erschwingliches und abgeschlossenes Sammelgebiet dar. Fehlende Abbildungen im Katalogteil sind die Wertpapiere: KK-060 und KK-120.

# 8. Société Internationale du Canal Maritime de Corinthe 1882-1890

## SOCIÉTÉ INTERNATIONALE DU CANAL MARITIME DE CORINTHE
(Internationale Gesellschaft des Seekanals von Korinth)

| | |
|---|---|
| **Gegründet** | 20. April 1882 (gemäß der Kanalkonzession für 99 Jahre) |
| **Sitz** | Paris |
| **Zweck** | Bau und Betrieb des Kanals von Korinth |
| **Rechtsform** | Französische Aktiengesellschaft |
| **Aktienkapital** | 30 Millionen französische Goldfranken eingeteilt in 60.000 Aktien über je 500 Goldfranken. |
| **Zahlstelle** | Comptoir d'Escompte de Paris, Paris |

**Ausgegebene Wertpapiere**

- Interimsscheine (Certificats Provisoires, zum Umtausch in Inhaberaktien)

- Inhaberaktien (Actions au Porteur)

- Depotzertifikate für Aktien (Certificats d`Inscription d`Actions Nominatives)

- Gründeranteilscheine auf den Inhaber (Parts de Fondateur au Porteur)

- Inhaberobligationen (Obligations au Porteur)

- Depotzertifikate für Obligationen (Certificats d`Inscription d`Obligations Nominatives)

| | |
|---|---|
| **Liquidation der Gesellschaft** | 12. Februar 1890 |

# Wertpapiere: Société Internationale du Canal Maritime de Corinthe

## KK-010

60.000 Inhaberaktien über je 500 französische Goldfranken. Die Aktien wurden mit drei Einzahlungen über gesamt 325 französische Goldfranken gezeichnet, 1886 Zahlung der vierten Rate über 100 Goldfranken und 1887 Zahlung der fünften Rate über 75 Goldfranken. Die Aktien tragen in der Regel die unbedienten Dividendenscheine No. 13 bis No. 31. Farbe: blau, seltene Stücke, Bewertung: 30-80 €.

Depotzertifikate für Aktien: Die Inhaberaktien konnten bei der Gesellschaft hinterlegt werden. Die Gesellschaft gab auf den Namen lautende Depotzertifikate für die hinterlegten Inhaberaktien aus. Farbe: blau, extrem seltene Stücke, Bewertung: 70-200 €.

Hinweis zu Interimsscheinen: Die Gesellschaft begab direkt nach der Aktienemission zunächst Interimsscheine (Certificats Provisoires). Nach Einzahlung von mindestens 250 französischen Goldfranken wurden die Interimsscheine in definitive Inhaberaktien umgetauscht. Bisher unbekannte Stücke, Bewertung: Liebhaberpreis.

## KK-020

4.000 Gründeranteilscheine ohne Nennwert, ausgegeben am 21. Juni 1882. Die Gründeranteile hatten Anspruch auf 20% des Reingewinns der Gesellschaft. Farbe: grau, sehr seltene Stücke, Bewertung: 60-180 €.

## KK-030

60.000 Inhaberobligationen über je französische 500 Goldfranken, ausgegeben am 8. März 1888. Die mit 30 Millionen Goldfranken geplante Anleihe war mit 6% verzinslich, Zinstermine: 1. Oktober und 1. April. Die Obligationen sollten zu 500 Goldfranken innerhalb von 75 Jahren (ab 1. März 1891 bis 1965) zurückgezahlt werden. Lediglich 10 Millionen Goldfranken dieser Emission wurden jedoch platziert. Die Obligationen tragen in der Regel die unbedienten Zinskupons No. 4 (1.4.1890) bis No. 52 (1.4.1914). Farbe: grün, seltene Stücke, Bewertung: 30-80 €.

Hinweis zu Depotzertifikaten für Obligationen: Die Inhaberobligationen konnten bei der Gesellschaft hinterlegt werden. Die Gesellschaft gab auf den Namen lautende Depotzertifikate für die hinterlegten Obligationen aus. Bisher unbekannte Stücke, Bewertung: Liebhaberpreis.

*KK-010: Société Internationale du Canal Maritime de Corinthe, Aktie, 1882*

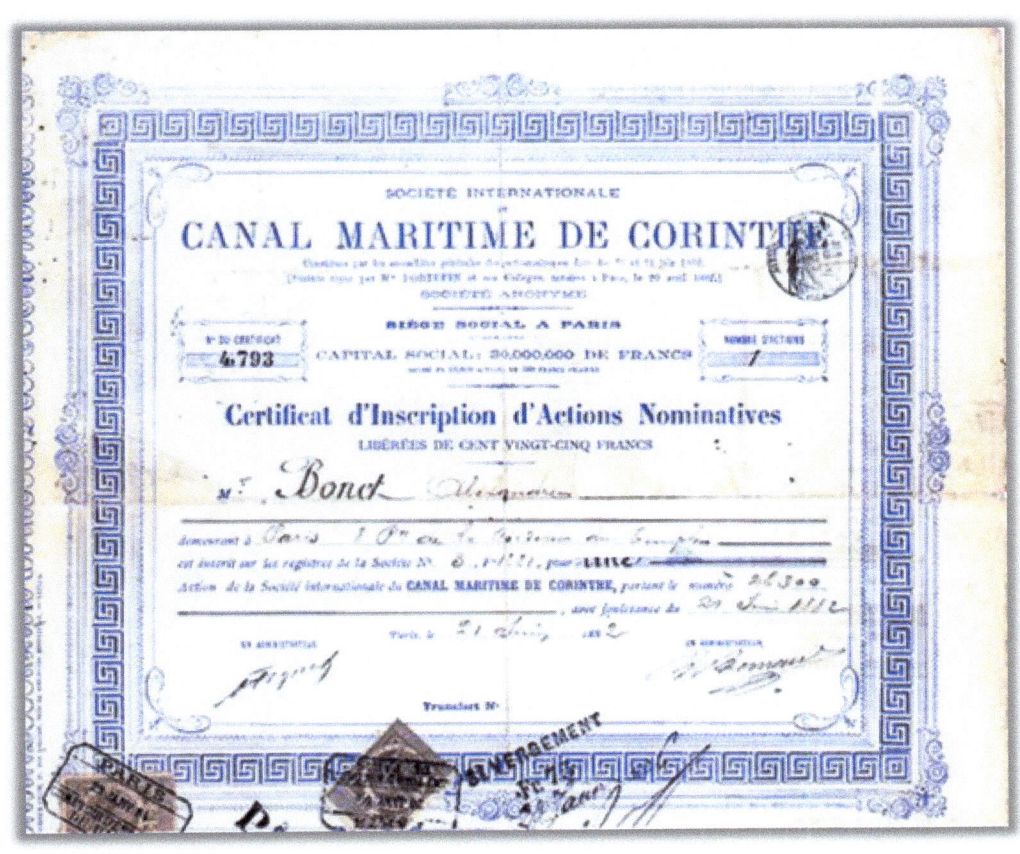

*KK-010: Société Internationale du Canal Maritime de Corinthe,*
*Depotzertifikat für Aktien, 1882*

*KK-020: Société Internationale du Canal Maritime de Corinthe, Gründeranteil, 1882*

KK-030: *Société Internationale du Canal Maritime de Corinthe, Obligation, 1882*

*Kreuzfahrtschiff im Kanal von Korinth*

# 9. Société Hellénique du Canal de Corinthe 1890-1907

SOCIÉTÉ HELLÉNIQUE DU CANAL DE CORINTHE
(Griechische Gesellschaft des Kanals von Korinth)

| | |
|---|---|
| **Gegründet** | 30. Mai bzw. 11. Juni 1890 |
| **Sitz** | Athen |
| **Zweck** | Auffanggesellschaft zur Übernahme der liquidierten „SOCIÉTÉ INTERNATIONALE DU CANAL MARITIME DE CORINTHE" sowie der Kanalkonzession; Fertigstellung und Betrieb des Kanals von Korinth. |
| **Rechtsform** | Griechische Aktiengesellschaft |
| **Aktienkapital** | 5.000.000 französische Goldfranken eingeteilt in 10.000 Aktien über je 500 Goldfranken. |
| **Zahlstelle** | Comptoir d'Escompte de Paris, Paris |
| **Ausgegebene Wertpapiere** | • Inhaberaktien (Actions au Porteur) |
| | • Besserungsscheine (Parts de Fondateur) von 1890 zur Entschädigung der Aktionäre der liquidierten „Société Internationale du Canal Maritime de Corinthe" |
| | • Besserungsscheine (Parts de Fondateur) von 1890 zur Entschädigung der Inhaber von Gründeranteilen der liquidierten „Société Internationale du Canal Maritime de Corinthe" |
| | • Besserungsscheine (Parts de Fondateur) von 1890 zur Entschädigung der Obligationäre der liquidierten „Société Internationale du Canal Maritime de Corinthe" |
| | • Inhaberobligationen (Obligations au Porteur). |
| **Liquidation der Gesellschaft** | 1907 |

# Wertpapiere: Société Hellénique du Canal de Corinthe

### KK-040
10.000 Inhaberaktien (Actions au Porteur) über je 500 französische Goldfranken, ausgegeben am 11. Juni 1890. Farbe: grün, seltene Stücke, Bewertung: 30-60 €.

### KK-050
60.000 Besserungsscheine ohne Nennwert (Parts de Fondateur), ausgegeben am 11. Juni 1890, zur Entschädigung der Altaktionäre der „SOCIÉTÉ INTERNATIONALE DU CANAL MARITIME DE CORINTHE" in Liquidation. Farbe: gelb, sehr seltene Stücke, Bewertung: 30-120 €.

### KK-060
4.000 Besserungsscheine ohne Nennwert (Parts de Fondateur), ausgegeben am 11. Juni 1890 zur Entschädigung der Inhaber von Gründeranteilscheinen der „SOCIÉTÉ INTERNATIONALE DU CANAL MARITIME DE CORINTHE" in Liquidation. Extrem seltene Stücke, Bewertung: 100-200 €.

### KK-070
60.000 Besserungsscheine ohne Nennwert (Parts de Fondateur), ausgegeben am 11. Juni 1890, zur Entschädigung der Altobligationäre der „SOCIÉTÉ INTERNATIONALE DU CANAL MARITIME DE CORINTHE" in Liquidation. Farbe: grün, sehr seltene Stücke, Bewertung: 40-120 €.

### KK-080
46.667 hypothekarisch abgesicherte Inhaberobligationen über je 500 französische Goldfranken (23.333.500 französische Goldfranken), ausgegeben am 3. Juli 1890. Die Anleihe mit 75 Jahren Laufzeit war mit 6% verzinslich. Die Anleihen wurden 1906, 1907 und 1908 in drei Raten mit rund 19 Drachmen je 500 Goldfranken Nennwert abgelöst. Farbe: rot, verfügbare Stücke, Bewertung: 10-50 €.

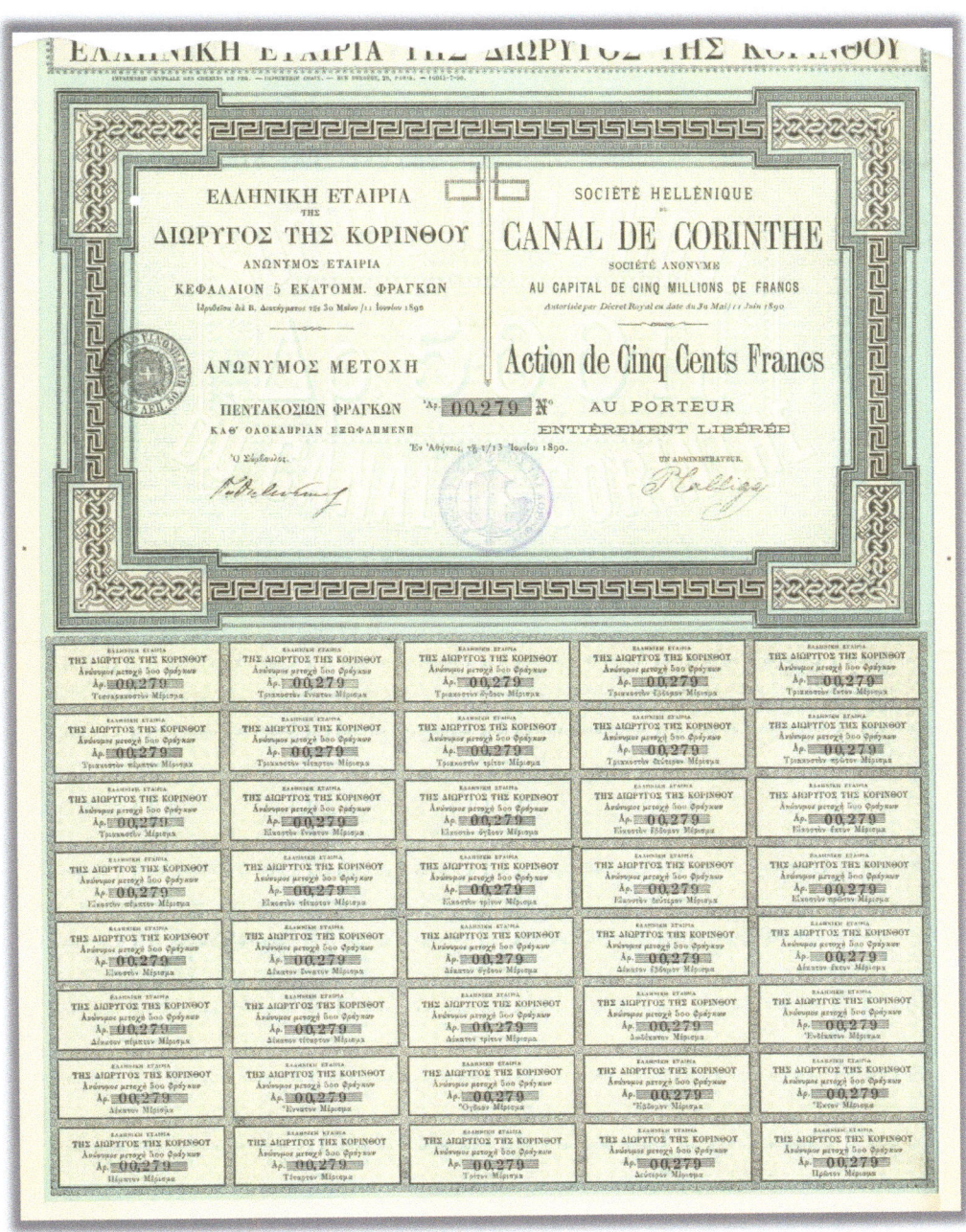

*KK-040: Société Hellénique du Canal de Corinthe, Aktie, 1890*

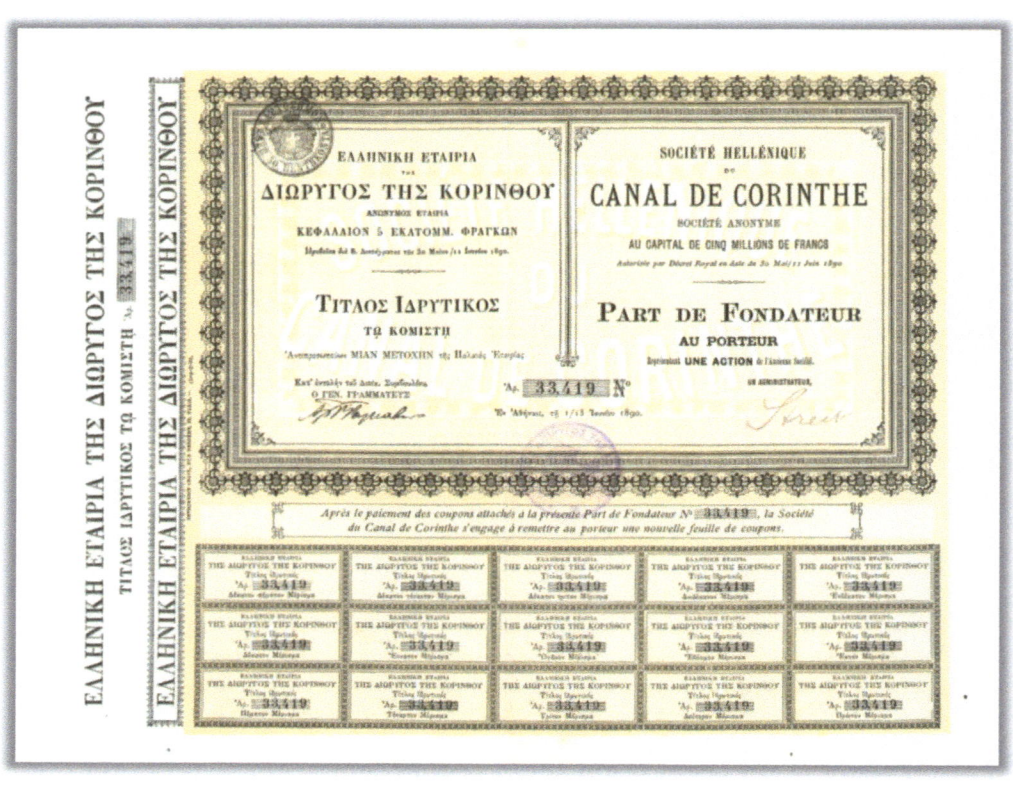

*KK-050: Société Hellénique du Canal de Corinthe,*
*Besserungsschein für Alt-Aktionäre, 1890*

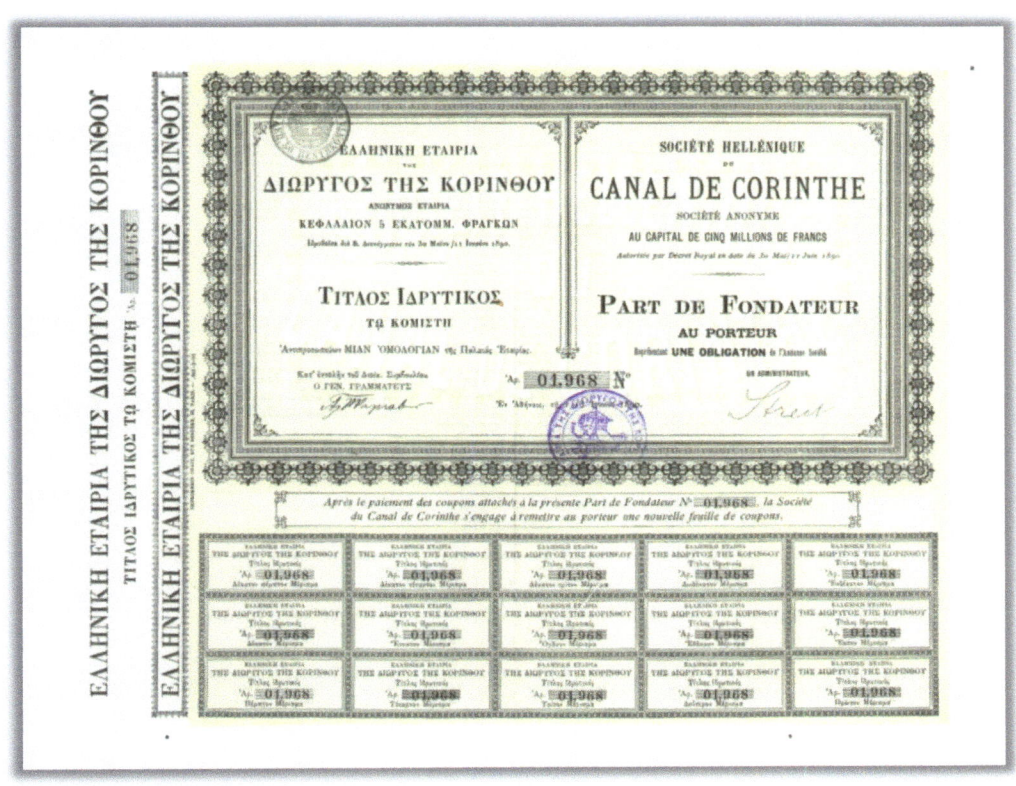

*KK-070: Société Hellénique du Canal de Corinthe,
Besserungsschein für Alt-Obligationäre, 1890*

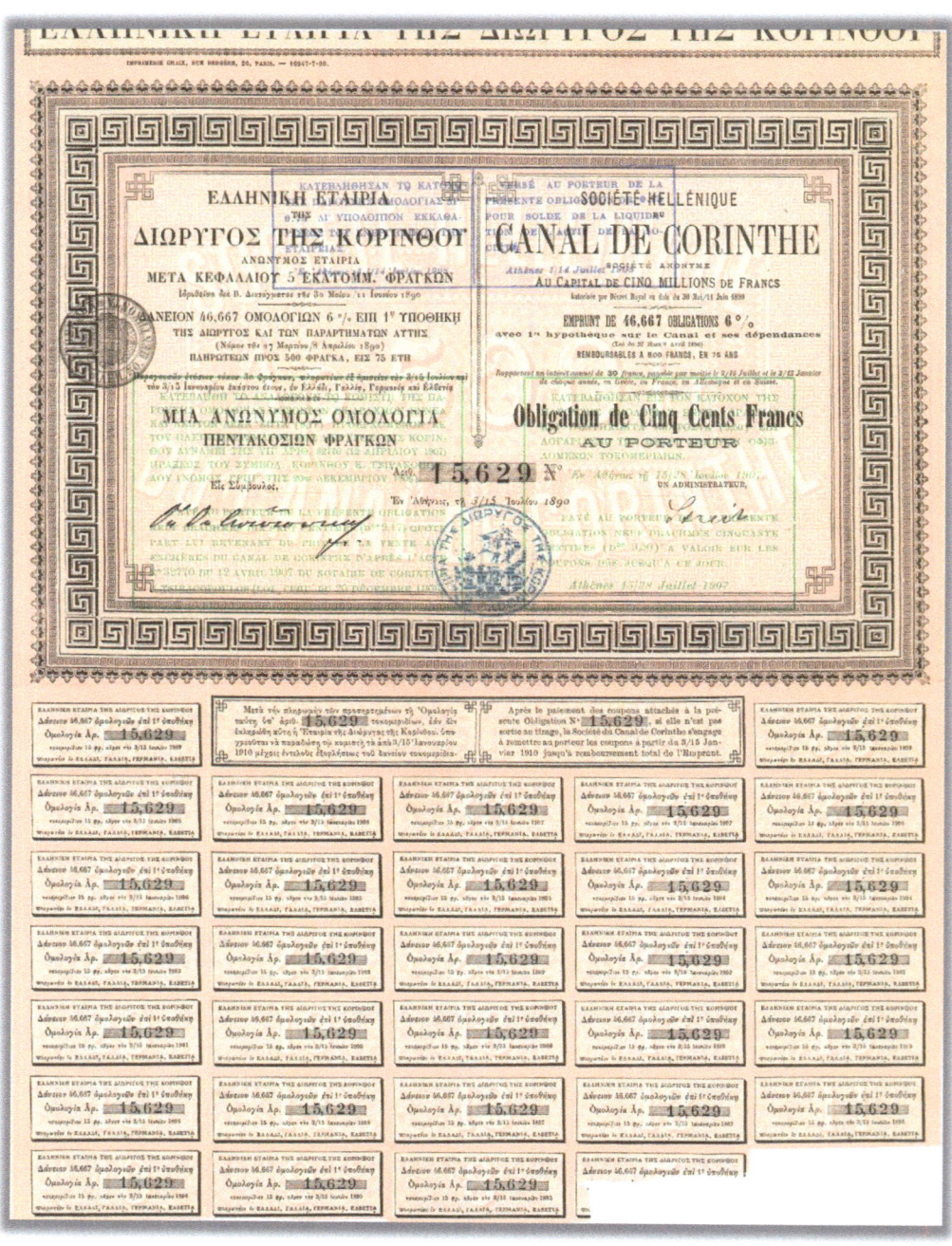

*KK-080: Société Hellénique du Canal de Corinthe, Obligation, 1890*

# 10. Nouvelle Société Anonyme du Canal de Corinthe 1907-1980

## NOUVELLE SOCIÉTÉ ANONYME DU CANAL DE CORINTHE
(Neue Gesellschaft des Kanals von Korinth)

| | |
|---|---|
| **Gegründet** | 7. September 1907 (gemäß der Kanalkonzession für 74 Jahre) |
| **Sitz** | Piräus, Verwaltungssitz in Athen |
| **Zweck** | Betriebsgesellschaft des Kanals von Korinth |
| **Rechtsform** | Griechische Aktiengesellschaft |
| **Aktienkapital** | in Drachmen: 1.000.000 (1907), 1.375.000 (1922), 1.750.000 (1923), 12.320.000 (1957), 24.640.000 (1962, Aktien Serie A und B), 49.280.000 (1965, Aktien Serie E), 61.600.000 (1969, Aktien Serie H), 70.400.000 (1972, Aktien Serie I), 84.480.000 (1977, Aktien Serie K) |
| **Zahlstellen** | Comptoir d'Escompte de Paris in Paris, Banque Nationale de Grèce in Athen |
| **Ausgegebene Wertpapiere** | Inhaberaktien (Actions au Porteur): |

- 1907-1957 Aktienzertifikate gestückelt in 1 Anteil oder 5 Anteile über je 25 Drachmen Nennwert
- 1962-1977 Aktienzertifikate gestückelt in 1 Anteil über 176 Drachmen oder 5, 10 bzw. 25 Anteile über je 176 Drachmen Nennwert. Farben: 1er-Anteil grün, 5er-Anteile braun oder violett, 10er-Anteile braun, 25er-Anteile rot

| | |
|---|---|
| **Liquidation der Gesellschaft** | 1980 |

# Wertpapiere: Nouvelle Société Anonyme du Canal de Corinthe

## KK-090

40.000 Inhaberaktien über je 25 Drachmen ausgegeben am 1. Oktober.1907 (Aktienkapital: 1 Million Drachmen eingeteilt in 40.000 Aktien über je 25 Drachmen). Farbe: grau, verfügbare Stücke, Bewertung: 10-40 €.

## KK-100

Kapitalerhöhung 20.6.1922: 15.000 Inhaberaktien über je 25 Drachmen (Neues Aktienkapital: 1.375.000 Drachmen eingeteilt in 55.000 Aktien über je 25 Drachmen). Farbe: braun, extrem seltene Stücke, Bewertung: 100-200 €.

## KK-110

Kapitalerhöhung 1.7.1923: 15.000 Inhaberaktien über je 25 Drachmen (Neues Aktienkapital: 1.750.000 Drachmen eingeteilt in 70.000 Aktien über je 25 Drachmen). Farbe: grün (1 Anteil) bzw. grün-gelb (5 Anteile), extrem seltene Stücke, Bewertung: 100-150 €.

## KK-120

Kapitalerhöhung 1957: 422.800 Inhaberaktien über je 25 Drachmen (Neues Aktienkapital: 12.320.000 Drachmen eingeteilt in 492.800 Aktien über je 25 Drachmen). Bisher unbekannte Stücke, Bewertung: Liebhaberpreis.

## Ab 1962: Rechnerische Umstellung des Nennwertes der Aktien der Nouvelle Société Anonyme du Canal de Corinthe von 25 auf 176 Drachmen.

## KK-130

Kapitalerhöhung 20.10.1962: zusätzlich 70.000 Inhaberaktien Serie A und Serie B über je 176 Drachmen (Neues Aktienkapital: 24.640.000 Drachmen eingeteilt in 140.000 Aktien über je 176 Drachmen). Seltene Stücke, Bewertung je nach Stückelung 10-50 €.

## KK-140

Kapitalerhöhung 27.9.1965: zusätzlich 140.000 Inhaberaktien Serie E über je 176 Drachmen (Neues Aktienkapital: 49.280.000 Drachmen eingeteilt in 280.000 Aktien über je 176 Drachmen). Seltene Stücke, Bewertung je nach Stückelung 10-50 €.

## KK-150

Kapitalerhöhung 10.9.1969: zusätzlich 70.000 Inhaberaktien Serie H über je 176 Drachmen (Neues Aktienkapital: 61.600.000 Drachmen eingeteilt in 350.000 Aktien über je 176 Drachmen). Seltene Stücke, Bewertung je nach Stückelung 10-50 €.

**Ab 1969 sukzessiver Aktienumtausch der Nouvelle Société Anonyme du Canal de Corinthe wegen der Änderung des Nennwerts der Aktien von 25 Drachmen auf 176 Drachmen: Ausgabe von einer neuen Aktie gegen drei alte Aktien der Serien A, B und E; Bezugsrecht hierzu.**

## KK-160

Kapitalerhöhung 1.8.1972: zusätzlich 50.000 Inhaberaktien Serie I über je 176 Drachmen (Neues Aktienkapital: 70.400.000 Drachmen eingeteilt in 400.000 Aktien über je 176 Drachmen). Seltene Stücke, Bewertung je nach Stückelung 10-50 €.

## KK-170

Kapitalerhöhung 30.6.1977: zusätzlich 80.000 Inhaberaktien Serie K über je 176 Drachmen (Neues Aktienkapital: 84.480.000 Drachmen eingeteilt in 480.000 Aktien über je 176 Drachmen). Seltene Stücke, Bewertung je nach Stückelung 10-50 €.

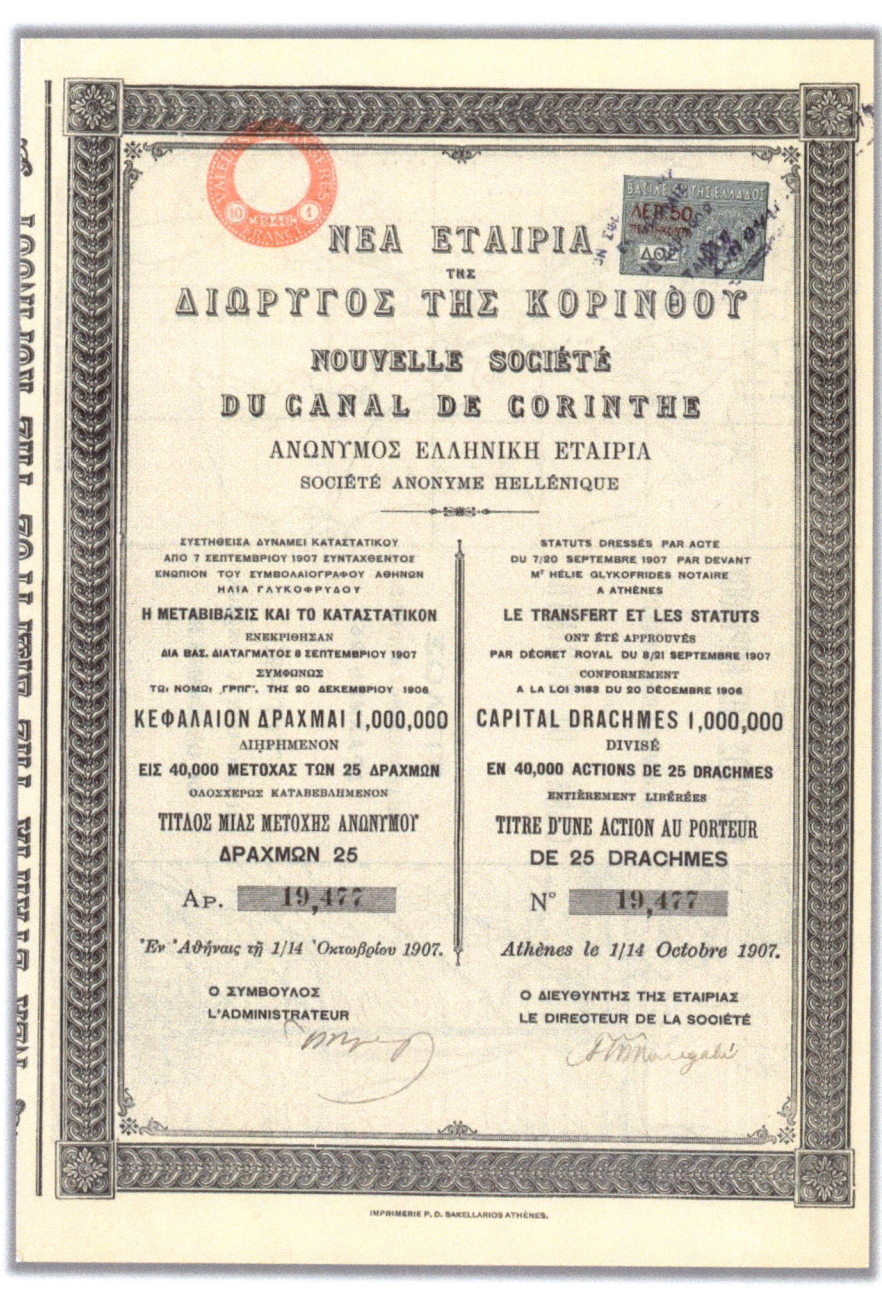

*KK-090: Nouvelle Société Anonyme du Canal de Corinthe,*
*Aktienzertifikat über einen Anteil von 25 Drachmen, 1907*

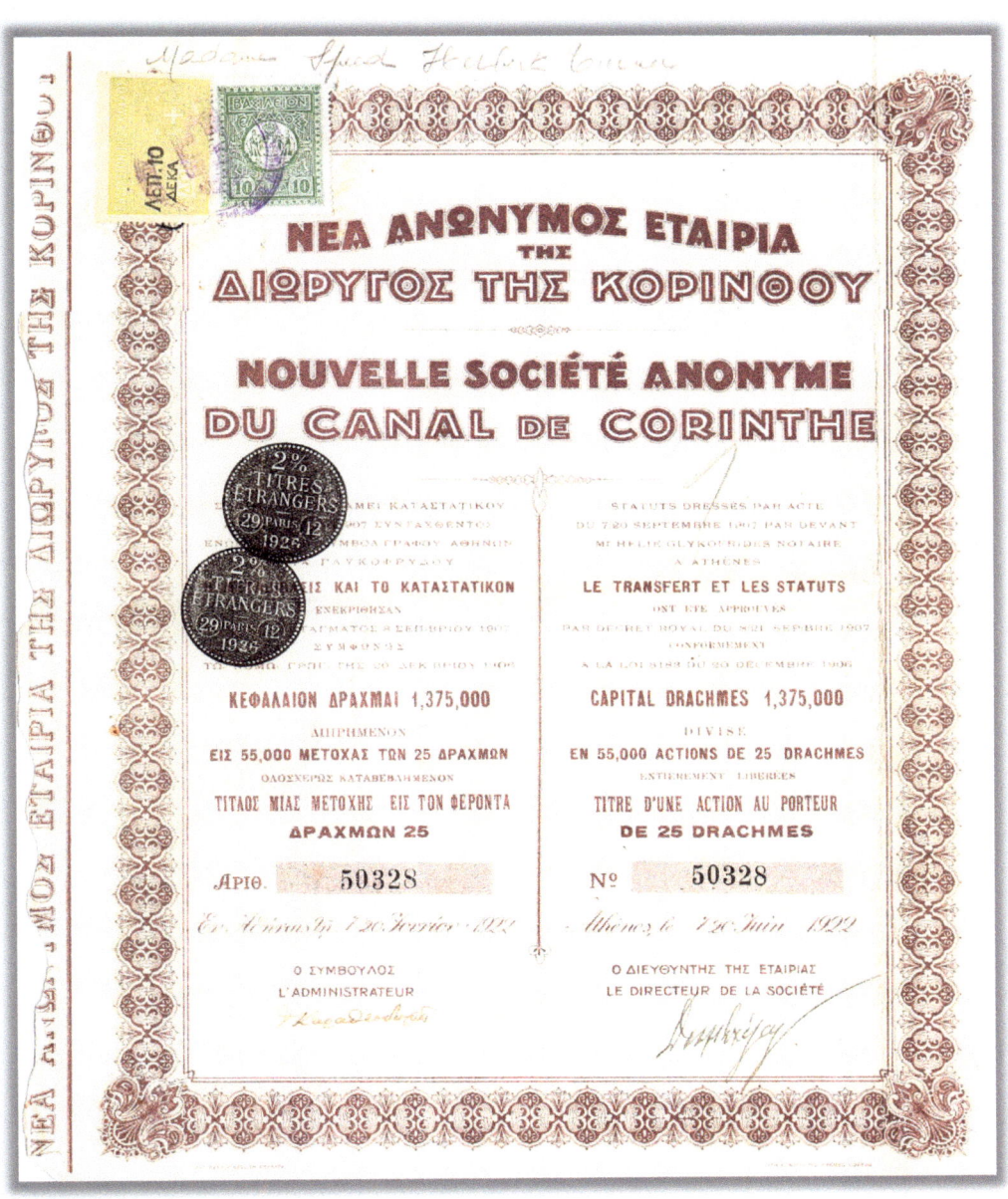

*KK-100: Nouvelle Société Anonyme du Canal de Corinthe,
Aktienzertifikat über einen Anteil von 25 Drachmen, 1922*

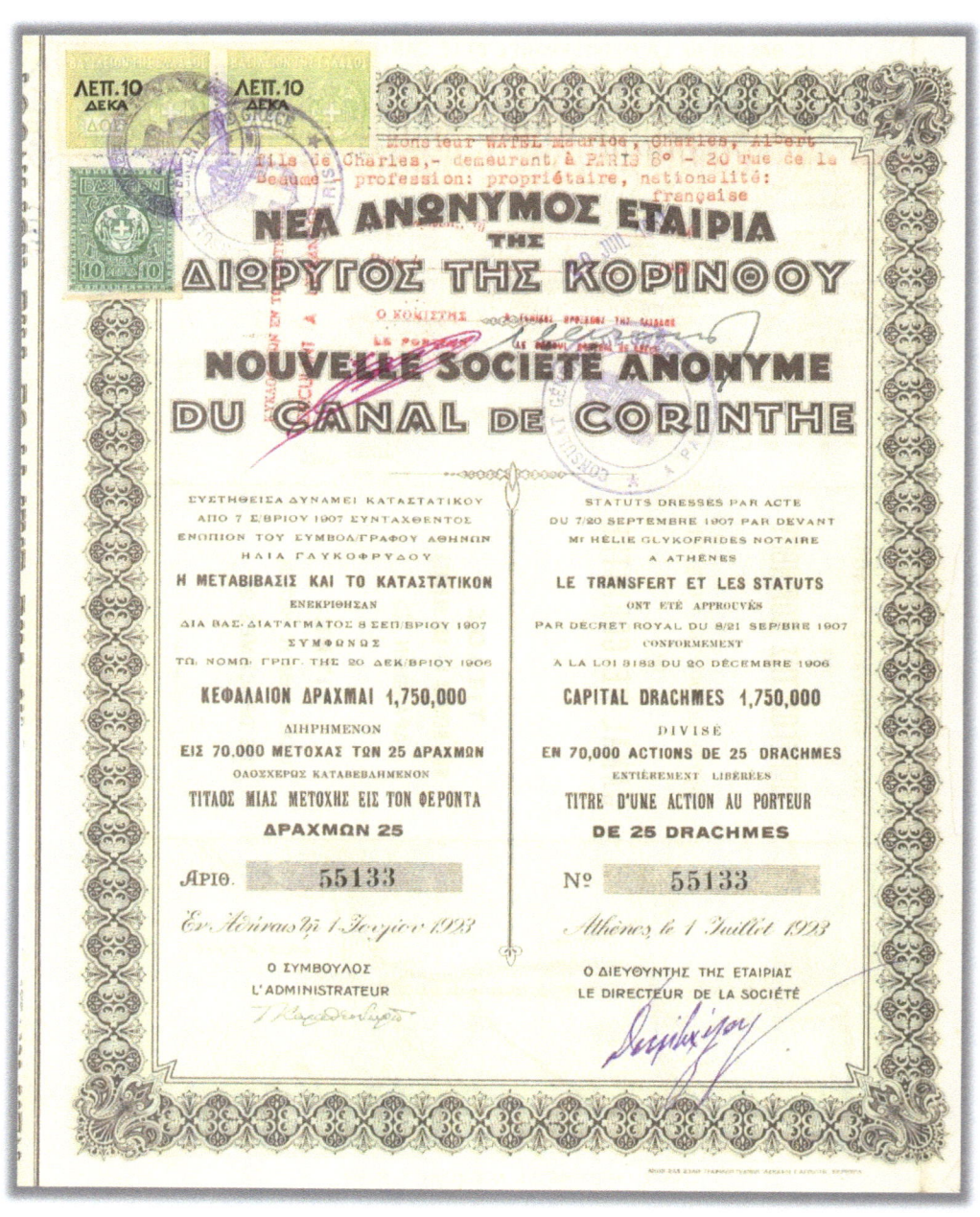

*KK-110: Nouvelle Société Anonyme du Canal de Corinthe,*
*Aktienzertifikat über einen Anteil von 25 Drachmen, 1923*

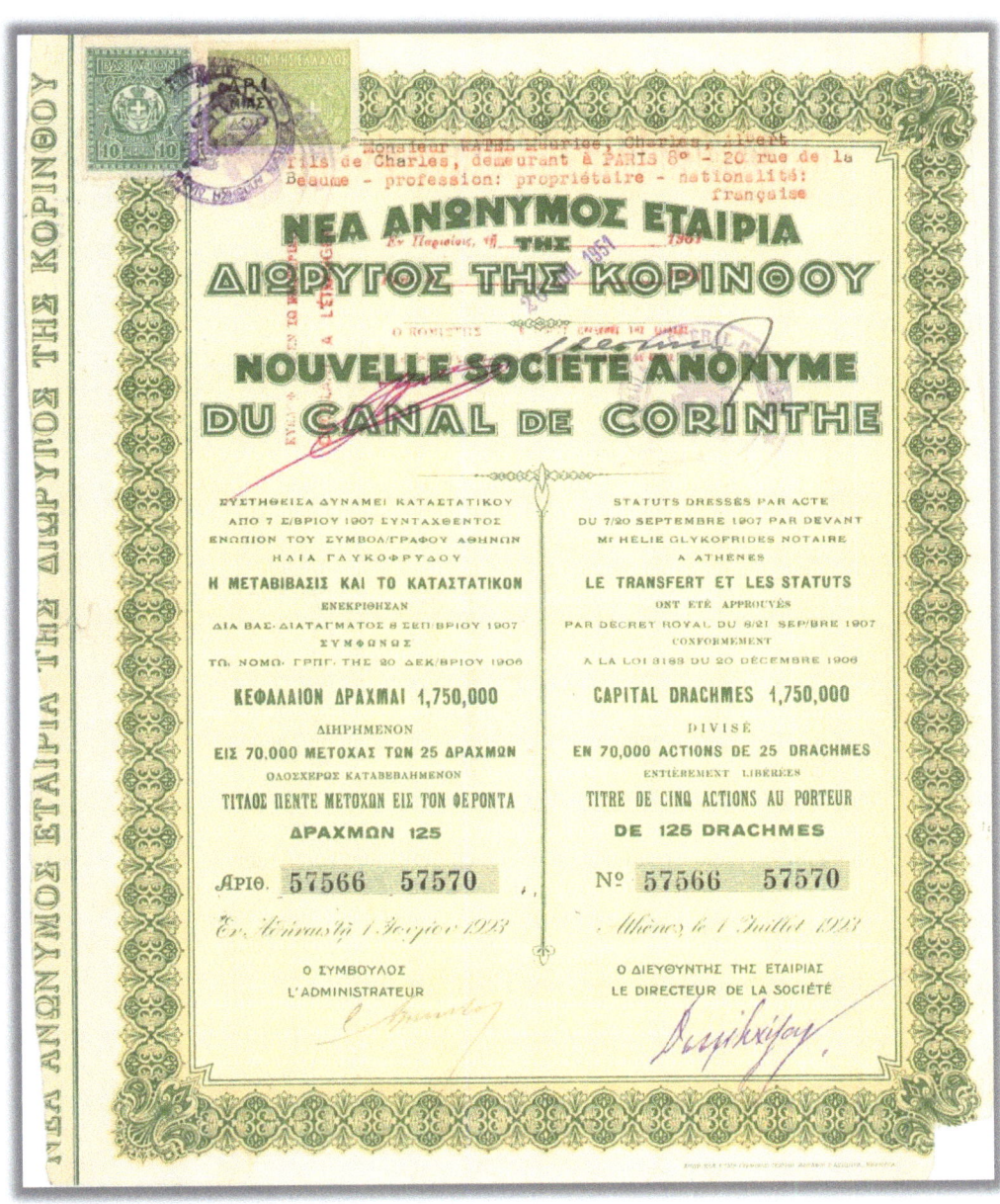

KK-110: *Nouvelle Société Anonyme du Canal de Corinthe,*
*Aktienzertifikat über fünf Anteile von je 25 Drachmen, 1923*

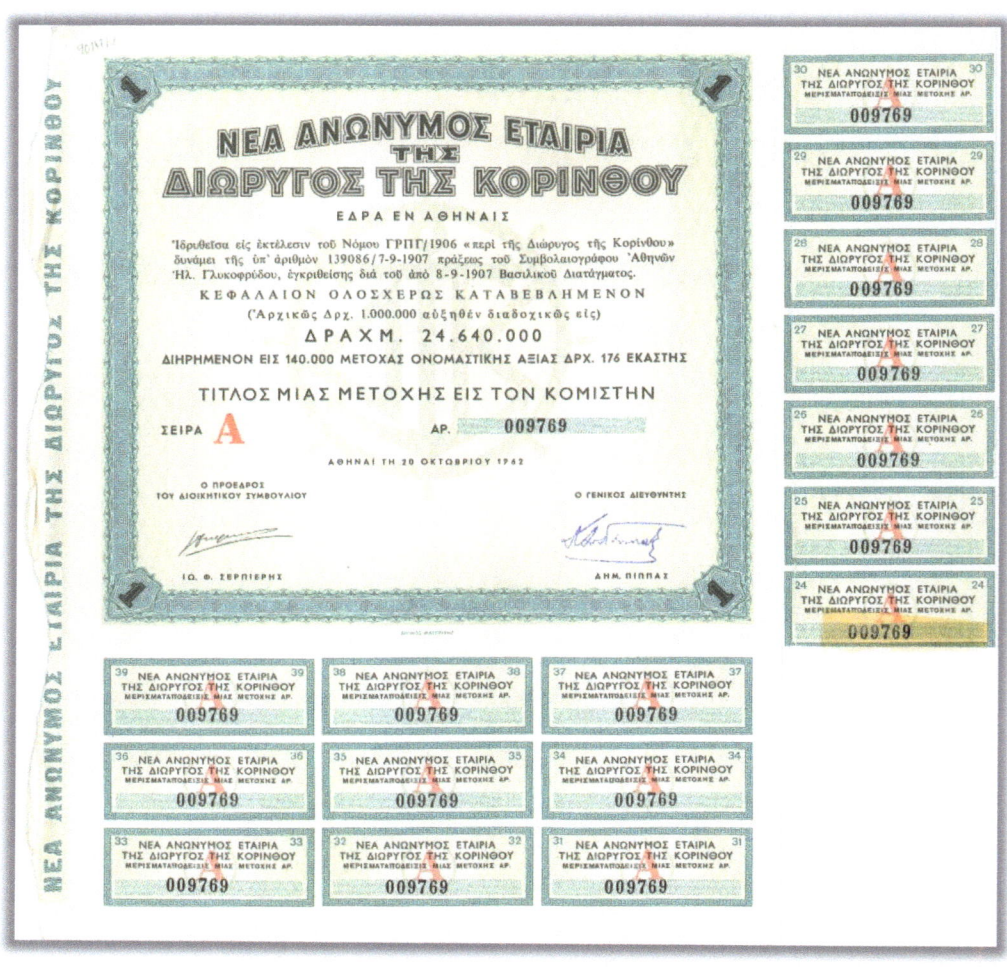

*KK-130: Nouvelle Société Anonyme du Canal de Corinthe,*
*Aktienzertifikat Serie A über einen Anteil von 176 Drachmen, 1962*

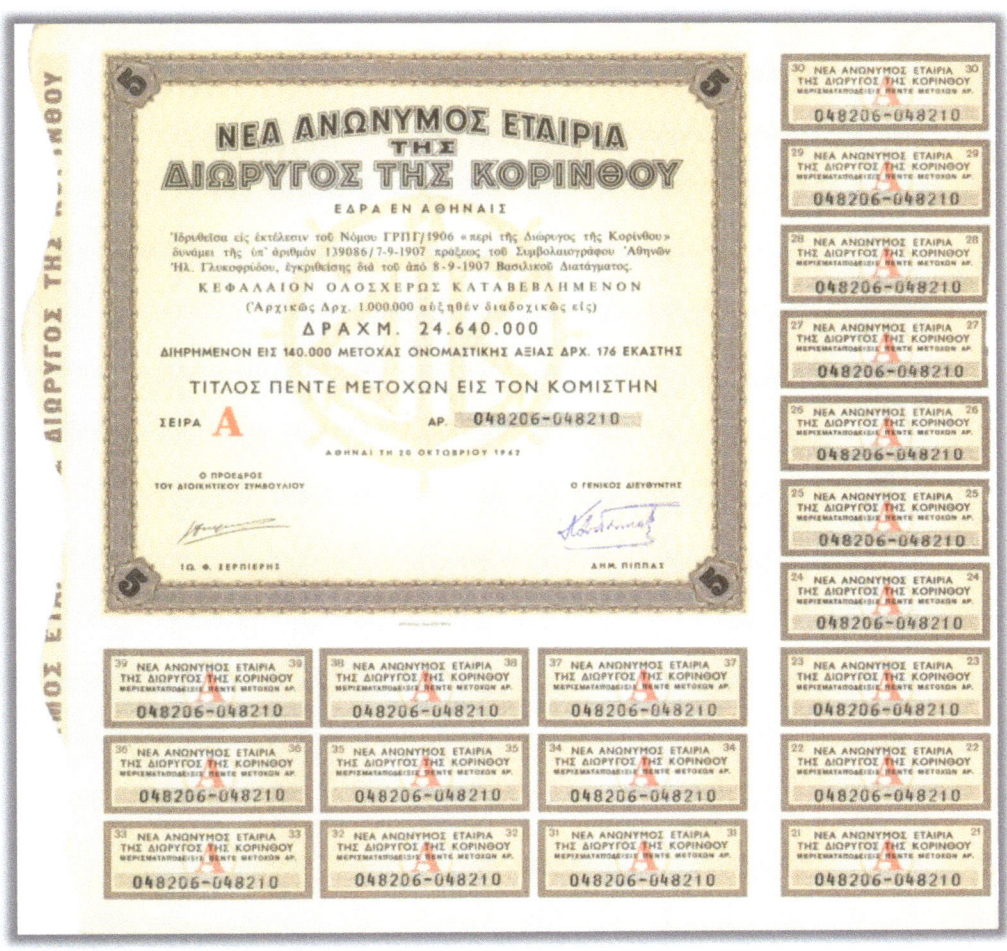

*KK-130: Nouvelle Société Anonyme du Canal de Corinthe,*
*Aktienzertifikat Serie A über fünf Anteile von je 176 Drachmen, 1962*

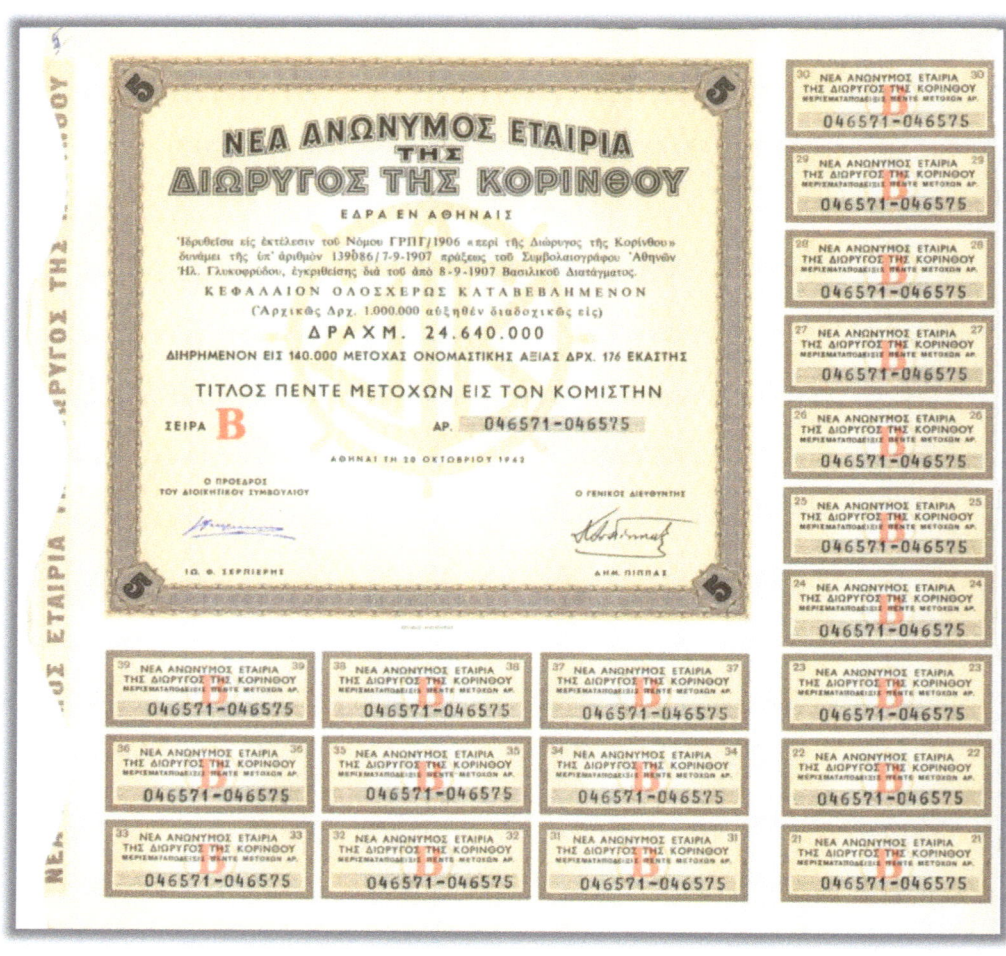

*KK-130: Nouvelle Société Anonyme du Canal de Corinthe,*
*Aktienzertifikat Serie B über fünf Anteile von je 176 Drachmen, 1962*

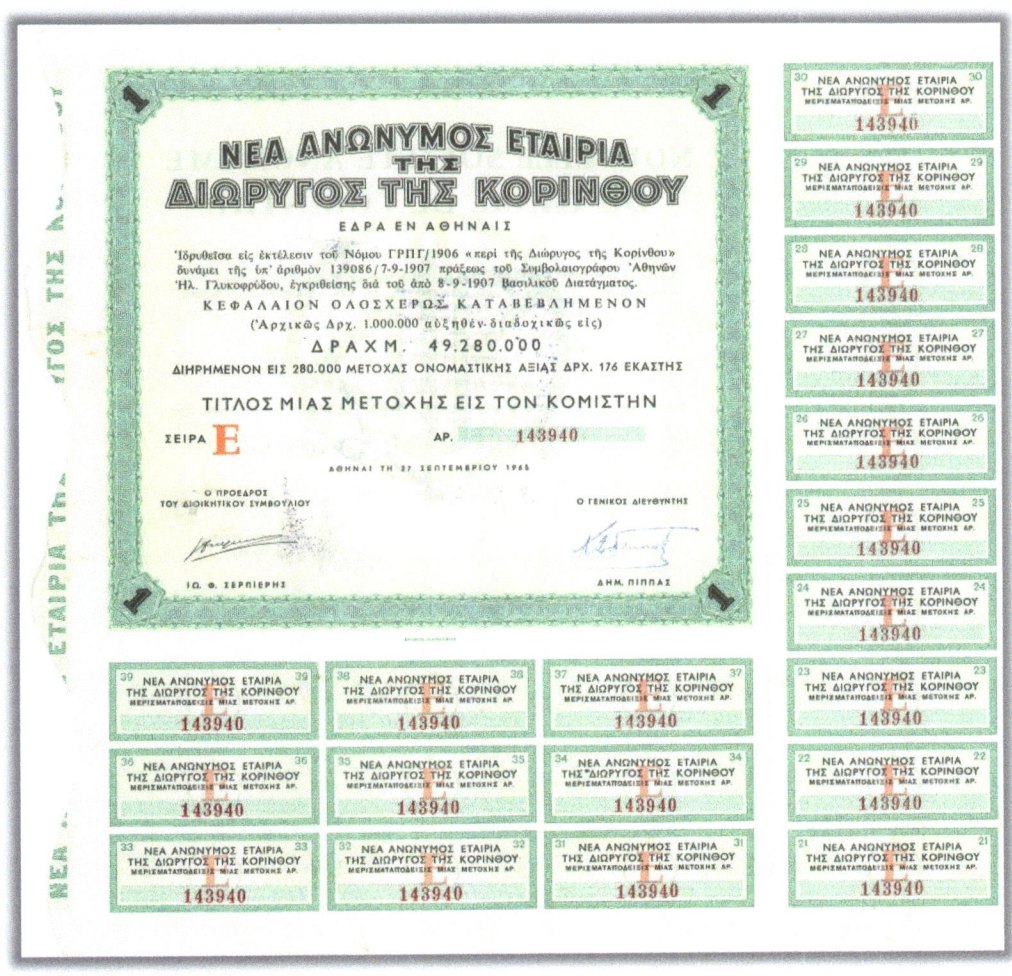

*KK-140: Nouvelle Société Anonyme du Canal de Corinthe,*
*Aktienzertifikat Serie E über einen Anteil von 176 Drachmen, 1965*

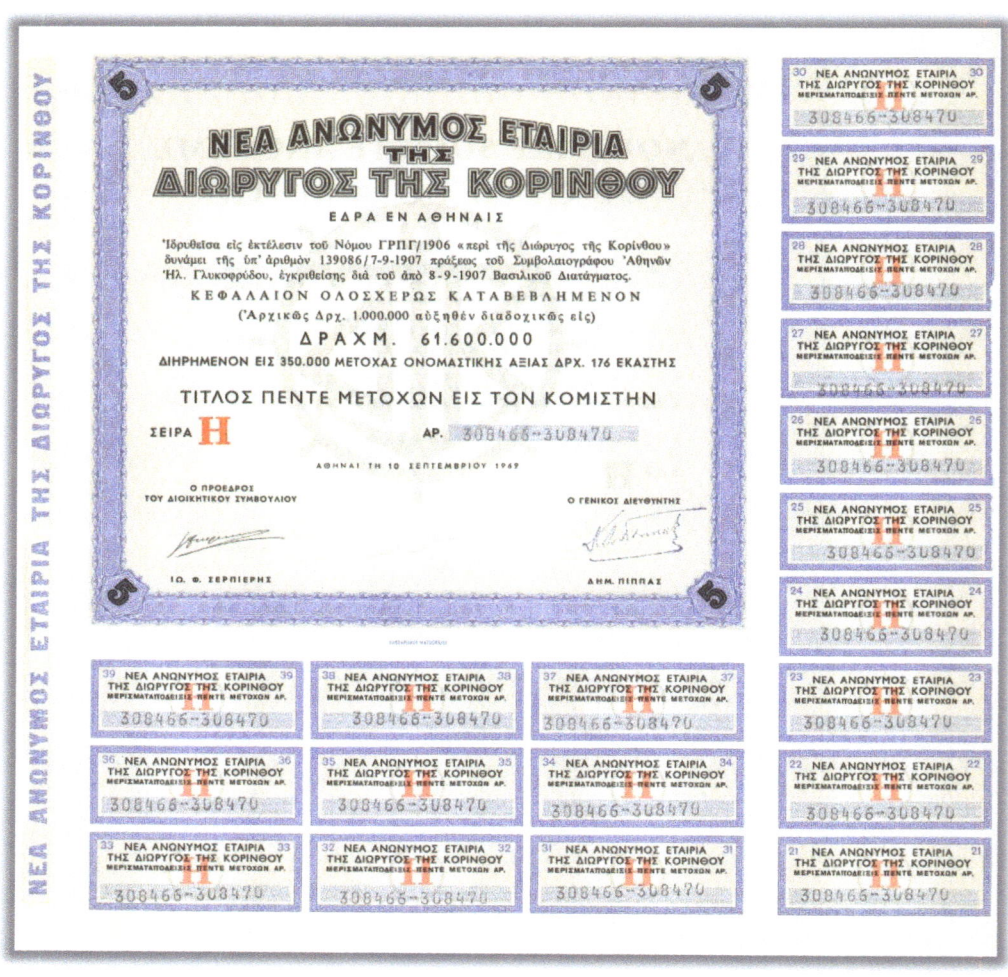

*KK-150: Nouvelle Société Anonyme du Canal de Corinthe,*
*Aktienzertifikat Serie H über fünf Anteile, 1969*

*KK-160: Nouvelle Société Anonyme du Canal de Corinthe,*
*Aktienzertifikat Serie I über fünf Anteile, 1972*

KK-170: *Nouvelle Société Anonyme du Canal de Corinthe,
Aktienzertifikat Serie K über fünf Anteile, 1977*

# Der Kanal von Korinth

## C. Literaturhinweise

- Baron Jean (Pseudonym): Premières Études financières confidentielles sur le Canal de Corinthe, Paris, 1893
- Bellet, Daniel: Le Canal de Corinthe, aus: Revue Encyclopédique No. 76, Seite 66-69, Paris, Februar 1894*
- Durocher, Léon: Le Percement de l' isthme de Corinthe, Paris, 1893*
- Fuchs, Edmond: L'Isthme de Corinthe, sa constitution géologique, son percement, Association française pour l`avancement des sciences, Paris, 1888*
- Georgiadès, Démétrius: Les négociations pour le règlement de la dette hellénique et les panaméistes grecs ou l'affaire du Canal de Corinthe d' après des documents authentiques, Imprimerie du Journal "Palingenésie", Athen, 1895*
- Gerster, Béla: L'Isthme de Corinthe: tentatives de percement dans l'antiquité, Bulletin de correspondance hellénique, Volume 8, Seite 225-232, 1884*
- Gerster, Béla: L'isthme de Corinthe et son percement, Budapest, 1896*
- Gerster, Béla: A korinthusi földszoros és átmetszése, Budapest, 1896
- Glasemann, Hans-Georg: Bau und Betrieb des Kanals von Korinth – Finanzdokumente 1882-1923, Zeitung für Historische Wertpapiere, Frankfurt am Main, Heft 6/1986, Seite 14-16*
- ohne Verfasser: Notes sur le percement de l'Isthme de Corinthe, publié par l'Agence Supérieure de la Société Internationale du Canal Maritime de Corinthe, Athen, 1883*
- Schönhärl, Korinna: Finanziers in Sehnsuchtsräumen, Europäische Banken und Griechenland im 19. Jahrhundert, Göttingen, 2017
- Saint-Yves, Armand de: Le Canal maritime de Corinthe, Rennes, 1888
- Stiros, Stathis C.: Misconceptions for risks of coastal flooding following the excavation of the Suez and the Corinth canals in antiquity, in: Méditerranée, Nummer 108, 2006*
- Velbinger, Martin: Kanal von Korinth, Wörthsee, 2016*
- Werner, Walter: The largest ship trackway in ancient times: the Diolkos of the Isthmus of Corinth, Greece, and early attempts to build a canal, in The International Journal of Nautical Archaeology, Band 26, Nr. 2, 1997, S. 98–119*
- Werner, Walter: Der Kanal von Korinth und seine Vorläufer, Brilon,1993*

*Literatur wurde vom Verfasser durchgesehen